BIBLIOTHÈQUE
DE PHILOSOPHIE CONTEMPORAINE

ÉDUCATION

ET

SOCIOLOGIE

PAR

ÉMILE DURKHEIM

Professeur à la Sorbonne

INTRODUCTION DE PAUL FAUCONNET
Chargé de conférences à la Sorbonne

L'ÉDUCATION, SA NATURE, SON RÔLE
NATURE ET MÉTHODE DE LA PÉDAGOGIE
PÉDAGOGIE ET SOCIOLOGIE
L'ÉVOLUTION DE L'ENSEIGNEMENT SECONDAIRE EN FRANCE

PARIS

LIBRAIRIE FÉLIX ALCAN
108, BOULEVARD SAINT-GERMAIN, 108

ÉDUCATION

ET

SOCIOLOGIE

ÉDUCATION

ET

SOCIOLOGIE

PAR

EMILE DURKHEIM

Professeur à la Sorbonne.

———

INTRODUCTION DE PAUL FAUCONNET

Maître de conférences à la Sorbonne.

L'ÉDUCATION : SA NATURE, SON RÔLE.
NATURE ET MÉTHODE DE LA PÉDAGOGIE.
PÉDAGOGIE ET SOCIOLOGIE.
L'ENSEIGNEMENT SECONDAIRE EN FRANCE.

PARIS
LIBRAIRIE FÉLIX ALCAN
108, BOULEVARD SAINT-GERMAIN, VIᵉ

———

1922

ÉDUCATION ET SOCIOLOGIE

INTRODUCTION

L'œuvre pédagogique de Durkheim.

Durkheim a enseigné toute sa vie la pédagogie, en
même temps que la sociologie. A la Faculté des lettres
de Bordeaux, de 1887 à 1902, il a toujours donné, heb-
domadairement, une heure de cours à la pédagogie.
Ses auditeurs étaient surtout des membres de l'Enseignement primaire. A la Sorbonne, c'est dans la chaire
de *Science de l'Education* qu'en 1902 il suppléa, qu'en
1906 il remplaça M. Ferdinand Buisson. Jusqu'à sa
mort, il y a réservé, à la pédagogie, un tiers au moins, et
souvent les deux tiers de son enseignement : cours
publics, conférences pour les membres de l'Enseignement primaire, cours aux élèves de l'Ecole Normale
Supérieure. Cette œuvre pédagogique est presque
entièrement inédite. Nul de ses auditeurs, sans doute,
ne l'a embrassée dans toute son étendue. Nous vou-
drions ici la présenter en raccourci.

I

Durkheim n'a pas partagé son temps ni sa pensée entre deux activités distinctes, coordonnées l'une à l'autre d'une manière accidentelle. C'est par le côté où elle est un fait social qu'il aborde l'éducation : sa doctrine de l'éducation est un élément essentiel de sa sociologie. « Sociologue, dit-il, c'est surtout en sociologue que je vous parlerai d'éducation. D'ailleurs, bien loin qu'à procéder ainsi on s'expose à voir et à montrer les choses par un biais qui les déforme, je suis, au contraire, convaincu qu'il n'est pas de méthode plus apte à mettre en évidence leur véritable nature. » L'éducation est chose éminemment sociale.

L'observation le prouve. D'abord, dans chaque société, il y a autant d'éducations spéciales qu'il y a de milieux sociaux différents. Et, même dans des sociétés égalitaires comme les nôtres, qui tendent à éliminer les différences injustes, l'éducation varie et doit nécessairement varier, selon les professions. Sans doute, toutes ces éducations spéciales reposent sur une base commune. Mais cette éducation commune varie d'une société à l'autre. Chaque société se fait un certain idéal de l'homme. C'est cet idéal « qui est le pôle de l'éducation ». Pour chaque société, l'éducation est « le moyen par lequel elle prépare dans le cœur des enfants les conditions essentielles de sa propre existence ». Ainsi, « chaque type de peuple a son éducation qui lui est propre et qui peut servir à le définir au même titre que son organisation morale, politique et religieuse ». L'observation des faits conduit donc à la définition suivante : « L'éducation est l'action exercée par les générations adultes sur celles qui ne sont pas encore mûres pour la vie sociale. Elle a pour objet de susciter et de développer chez l'enfant un certain nombre d'états physiques, intellectuels et moraux que réclament de lui et la société politique dans son ensemble et le milieu spécial auquel il est particulièrement destiné ». Plus brièvement, « l'éducation est une socialisation... de la jeune génération ».

Mais pourquoi en est-il nécessairement ainsi? C'est « qu'en chacun de nous, peut-on dire, il existe deux êtres qui, pour être inséparables autrement que par abstraction, ne laissent pas d'être distincts. L'un est fait de tous les états mentaux qui ne se rapportent qu'à nous-mêmes et aux événements de notre vie personnelle : c'est ce qu'on pourrait appeler l'être individuel. L'autre est un système d'idées, de sentiments et d'habitudes, qui expriment en nous, non pas notre personnalité, mais le groupe ou les groupes différents dont nous faisons partie ; telles sont les croyances religieuses, les croyances et les pratiques morales, les traditions nationales ou professionnelles, les opinions collectives de toutes sortes. Leur ensemble forme l'être social. Constituer cet être en chacun de nous, telle est la fin de l'éducation. » Sans la civilisation, l'homme ne serait qu'un animal. C'est par la coopération et par la tradition sociales que l'homme s'est fait homme. Moralités, langages, religions, sciences sont des œuvres collectives, des choses sociales. Or, c'est par la moralité que l'homme forme en lui la volonté, qui dépasse le désir ; c'est le langage qui l'élève au-dessus de la pure sensation ; c'est dans les religions d'abord, puis dans les sciences, que s'élaborent les notions cardinales dont est faite l'intelligence proprement humaine. « Cet être social n'est pas donné tout fait dans la constitution primitive de l'homme... C'est la société elle-même qui, à mesure qu'elle s'est formée et consolidée, a tiré de son propre sein ces grandes forces morales... L'enfant, en entrant dans la vie, n'y apporte que sa nature d'individu. La société se trouve donc, à chaque génération nouvelle, en présence d'une table presque rase sur laquelle il lui faut construire à nouveaux frais. Il faut que, par les voies les plus rapides, à l'être égoïste et asocial qui vient de naître, elle en surajoute un autre, capable de mener une vie morale et sociale. Voilà quelle est l'œuvre de l'éducation. » L'hérédité transmet les mécanismes instinctifs qui assurent la vie organique et, chez les animaux qui vivent en sociétés, une vie sociale assez simple. Mais elle ne suffit pas à transmettre les aptitudes que suppose la vie sociale de l'homme, aptitudes trop complexes pour pouvoir « se matérialiser sous la forme de prédispositions organiques ». La transmission des attributs spécifiques qui distinguent l'homme se fait par une voie qui est sociale, comme ils sont sociaux : c'est l'éducation.

Pour l'esprit exercé à regarder les choses de ce biais, cette conception sociologique de la nature et du rôle de l'éducation s'impose avec la force de l'évidence. Durkheim l'appelle : un axiome fondamental. Disons plus exactement : une vérité d'expérience. Nous voyons clairement, quand nous pensons en historien, que l'éducation à Sparte, c'est la civilisation lacédémonienne faisant des Spartiates pour la cité lacédémonienne; — que l'éducation athénienne, au temps de Périclès, c'est la civilisation athénienne faisant des hommes conformes au type idéal de l'homme, tel que le conçoit Athènes à cette époque, pour la cité athénienne et, en même temps, pour l'humanité, telle qu'Athènes se la représente dans ses rapports avec elle. Il nous suffit d'anticiper sur l'avenir pour comprendre comment les historiens interpréteront l'éducation française au xxᵉ siècle : même dans ses tentatives les plus audacieusement idéalistes et humanitaires, elle est un produit de la civilisation française; elle consiste à la transmettre; bref, elle cherche à faire des hommes, conformes au type idéal de l'homme qu'implique cette civilisation, à faire des hommes pour la France, et aussi pour l'humanité, telle que la France se la représente dans ses rapports avec elle.

Pourtant, cette vérité d'évidence a été généralement méconnue, surtout au cours des derniers siècles. Philosophes et pédagogues sont d'accord pour voir, dans l'éducation, une chose éminemment individuelle. « Pour Kant, écrit Durkheim, pour Kant comme pour Mill, pour Herbart comme pour Spencer, l'éducation aurait avant tout pour objet de réaliser, en chaque individu, mais en les portant à leur plus haut point de perfection possible, les attributs constitutifs de l'espèce humaine en général. » Mais cet accord n'est pas une présomption de vérité. Car nous savons que la philosophie classique a presque toujours oublié de considérer l'homme réel d'un temps et d'un pays, le seul qui soit observable, pour spéculer sur une nature humaine universelle, produit arbitraire d'une abstraction faite, sans méthode, sur un nombre très restreint d'échantillons humains. On admet généralement aujourd'hui que son caractère abstrait a faussé, dans une large mesure, la spéculation politique du XVIIIᵉ siècle, par exemple : individualiste à l'excès, trop détachée de l'histoire, elle légifère souvent pour un homme de convention, indépendant de tout milieu social défini. Les progrès qu'ont accompli, au XIXᵉ siècle, les sciences politiques, sous l'influence de l'histoire et des philosophies inspirées de l'histoire, progrès vers lequel s'orientent, à la fin du siècle, toutes les sciences morales, la philosophie de l'éducation doit l'accomplir à son tour.

L'éducation est chose sociale : c'est-à-dire qu'elle met en contact l'enfant avec une société déterminée, et non avec la société *in genere*. Si cette proposition est vraie, elle ne commande pas seulement la réflexion spéculative sur l'éducation, elle doit faire sentir son influence sur l'activité éducative elle-même. En fait, cette influence est incontestable; en droit, elle est souvent contestée. Examinons quelques-unes des résistances que soulève, quand il l'énonce, la proposition de Durkheim.

On entend d'abord la protestation qu'on peut appeler universaliste ou humaniste. Elle fera grief à la sociologie d'encourager un nationalisme étroit, voire d'immoler les intérêts de l'humanité à ceux de l'Etat, bien plus même, aux intérêts d'un régime politique. Au cours de la guerre, on a souvent opposé l'éducation germanique à l'éducation latine, celle-là purement nationale et tout au bénéfice de l'État, celle-ci libérale et humaine. Sans doute, a-t-on dit, l'éducation élève l'enfant pour la Patrie, mais *aussi* pour l'Humanité. Bref, de diverses manières, on établit un antagonisme entre ces termes : éducation sociale, éducation humaine, société et humanité. Or la pensée de Durkheim plane bien au-dessus d'objections de ce genre. Il n'a jamais eu l'intention, comme éducateur, de faire prévaloir les fins nationales sur les fins humaines. Dire que l'éducation est chose sociale, ce n'est pas formuler un programme d'éducation ; c'est constater un fait. Durkheim tient ce fait pour vrai, partout, quelle que soit la tendance qui prévaut, ici ou là. Le cosmopolitisme n'est pas moins social que le nationalisme. Il y a des civilisations qui poussent l'éducateur à mettre sa Patrie au-dessus de tout, d'autres qui le poussent à subordonner les fins nationales aux fins humaines, ou mieux, à les harmoniser. L'idéal universaliste est lié à une civilisation synthétique qui tend à combiner toutes les autres. D'ailleurs, dans le monde contemporain, chaque nation a son cosmopolitisme, son humanisme propre, où se reconnaît son génie. Quelle est, en fait, pour nous, Français du xxᵉ siècle, la valeur relative des devoirs envers l'Humanité et des devoirs envers la Patrie ; comment peuvent-ils entrer en conflit ; comment peut-on les concilier ? Nobles et difficiles questions, que le sociologue ne résout pas, au profit du nationalisme, en définissant, comme il le fait, l'éducation.

Quand il abordera ces problèmes, il aura les mains libres. Reconnaître le caractère social qui appartient réellement à l'éducation, ne préjuge rien de la manière dont on analysera les forces morales, qui sollicitent l'éducateur dans des directions diverses ou opposées.

La même réponse vaudra contre les objections individualistes. Durkheim définit l'éducation une socialisation de l'enfant. Mais alors, pensent quelques-uns, que deviennent la valeur de la personne humaine, l'initiative, la responsabilité, le perfectionnement propres de l'individu. On est si accoutumé à opposer la société à l'individu, que toute doctrine, qui fait du mot société un usage fréquent, semble sacrifier l'individu. Ici encore, on se méprend. Si un homme a été un individu, une personne, dans tout ce que le terme implique d'originalité créatrice et de résistance aux entraînements collectifs, c'est Durkheim. Et sa doctrine morale correspond si bien à son propre caractère qu'on n'avancerait pas un paradoxe, en donnant à cette doctrine le nom d'individualisme. Son premier ouvrage, *la Division du Travail social*, propose toute une philosophie de l'histoire, où la genèse, la différenciation, l'affranchissement de l'individu apparaissent comme le trait dominant du progrès de la civilisation, l'exaltation de la personne humaine, comme son terme actuel. Et cette philosophie de l'histoire aboutit à cette règle morale : distingue-toi, sois une personne. Comment donc une pareille doctrine verrait-elle, dans l'éducation, je ne sais quel procédé de dépersonnalisation? Si faire une personne est actuellement le but de l'éducation, et si éduquer, c'est socialiser, concluons donc que, selon Durkheim, il est possible d'individualiser en socialisant. Telle est bien sa pensée. On pourra discuter la manière dont il conçoit l'éducation de l'individualité. Mais sa définition de l'éducation est d'un penseur qui, pas un instant, ne méconnaît ou ne sous-estime le rôle ni la valeur de l'individu. Et il faut signaler aux sociologues que c'est dans son analyse de l'éducation qu'ils apercevront le mieux le fond de la pensée de Durkheim, sur les rapports de la société et de l'individu et sur le rôle des individus d'élite dans le progrès social.

Au nom de l'idéal, enfin, il arrive qu'on résiste au réalisme de Durkheim. On lui reprochera d'humilier la raison et de décourager l'effort, comme s'il se faisait l'apologiste systématique de ce qui est, et restait indifférent à ce qui *doit être*. Pour comprendre comment, au contraire, ce réalisme sociologique lui paraît apte à diriger l'action, voyons quelle idée il s'est faite de la pédagogie.

II

Tout l'enseignement de Durkheim répond à un besoin profond de son esprit, qui est l'exigence essentielle de l'esprit scientifique lui-même. Durkheim éprouve une véritable répulsion pour les constructions arbitraires, pour les programmes d'action qui traduisent seulement les tendances de leur auteur. Il a besoin de réfléchir sur un *donné*, sur une réalité observable, sur ce qu'il appelle une *chose*. Considérer les faits sociaux comme des choses, telle est la première règle de sa méthode. Quand il prenait la parole sur des sujets de morale, on le voyait d'abord présenter des faits, des choses; et sa mimique même marquait que, bien qu'il s'agît de choses spirituelles, non matérielles, il ne se bornait pas à analyser des concepts, mais qu'il saisissait, montrait, maniait des réalités. L'éducation est une chose, ou, d'un autre mot, un fait. En fait, dans toutes les sociétés, il se donne une éducation. Conformément à des traditions, à des habitudes, à des règles explicites ou implicites, dans un cadre déterminé d'institutions, avec un outillage propre, sous l'influence d idées et de sentiments collectifs, en France, au xxᵉ siècle, des éducateurs éduquent, des enfants sont éduqués. Tout cela peut être décrit, analysé, expliqué. La notion d'une science de l'éducation est donc une idée parfaitement claire. Elle a pour rôle unique de connaître, de comprendre ce qui est. Elle ne se confond ni avec l'activité effective de l'éducateur, ni même avec la pédagogie, qui vise à diriger cette activité. L'éducation est son objet : entendons par là, non pas qu'elle tend aux mêmes fins que l'éducation, mais au contraire qu'elle la suppose, puisqu'elle l'observe.

Cette science, Durkheim ne conteste nullement qu'elle soit, dans une large mesure, d'ordre psychologique. Seule, la psychologie, appuyée sur la biologie, élargie par la pathologie, permet de comprendre pourquoi l'enfant humain a besoin d'éducation, en quoi il diffère de l'adulte, comment se forment et évoluent ses sens, sa mémoire, ses facultés d'association, d'attention, son imagination, sa pensée abstraite, son langage, ses sentiments, son caractère, sa volonté. La psychologie de l'enfant, rattachée à celle de l'homme adulte, complétée par la psychologie propre de l'éducateur, telle est l'une des voies par où la science peut aborder l'étude de l'éducation. L'idée est universellement reçue.

Mais la psychologie n'est qu'une des deux voies d'accès possibles. Qui la suit exclusivement s'expose à n'aborder le fait éducation que par l'une de ses deux faces. Car la psychologie est évidemment incompétente, quand il s'agit de dire, non plus ce qu'est l'enfant, qui reçoit l'éducation, sa manière propre de l'assimiler et d'y réagir, mais la nature même de la civilisation que l'éducation transmet et de l'outillage qu'elle emploie pour le transmettre. La France du xxᵉ siècle a quatre enseignements : primaire, secondaire, supérieur, technique, dont les rapports ne sont pas du tout ce qu'ils sont en Allemagne, en Angleterre ou aux États-Unis. Son enseignement secondaire porte sur le français, les langues classiques, les langues vivantes, l'histoire, les sciences ; vers 1600, il portait exclusivement sur le latin et le grec ; au moyen âge, sur la dialectique. Notre enseignement fait une part à la méthode intuitive et expérimentale ; celui des États-Unis une part bien plus grande ; l'éducation médiévale et humaniste était exclusivement livresque. Or, il est clair que les institutions scolaires, les disciplines, les méthodes sont des faits sociaux. Le livre lui-même est un fait social ; le culte du livre, le déclin de ce culte dépendent de causes sociales. On ne voit pas comment la psychologie pourrait en connaître. L'éducation physique, morale, intellectuelle, que donne une société, à un moment de son histoire, est manifestement du ressort de la sociologie. Pour étudier scientifiquement l'éducation, comme un fait donné à l'observation, la sociologie doit collaborer avec la psychologie. Sous l'un de ses deux aspects, la science de l'éducation est une science sociologique. C'est de ce biais que Durkheim l'abordait.

Ce faisant, il frayait une voie nouvelle, poussé par la logique interne de sa propre pensée, précurseur, et non imitateur, de doctrines aujourd'hui fort en vogue, que la sienne dépasse en netteté et en fécondité. L'Allemagne a créé le terme *Sozialpädagogik*, les États-Unis, le terme *Educational Sociology*, qui marquent assurément la même tendance[1]. Mais, sous ces mots, se mêlent encore souvent des choses bien distinctes, par exemple, d'une part, une orientation plus ou moins incertaine vers l'étude sociologique de l'éducation, telle

1. **Paul Natorp**, *Sozialpädagogik, Theorie der Willenserziehung auf der Grundlage der Gemeinschaft*, 3. Aufl., Stuttgart, 1909 (la 1ʳᵉ éd. est de 1899). — Voir les définitions de l'*Educational Sociology* dans **Monroe**, *A Cyclopedia of Education*, t. V p . 361.

que Durkheim la conçoit, et, d'autre part, un système d'éducation qui se préoccupe plus particulièrement de préparer l'homme à la vie sociale, de former le citoyen : *Staatsbürgerliche Erziehung*, comme l'appelle Kerschensteiner[1]. L'idée américaine d'*Educational Sociology* s'applique confusément à l'étude sociologique de l'éducation et, en même temps, à l'introduction de la sociologie dans les classes, comme matière d'enseignement. La science de l'éducation, définie par Durkheim, est sociologique, dans une acception beaucoup plus claire du terme.

Quant à ce qu'il entend par *Pédagogie*, ce n'est ni l'activité éducative elle-même, ni la science spéculative de l'éducation. C'est la réaction systématique de la seconde sur la première, l'œuvre de la réflexion qui cherche, dans les résultats de la psychologie et de la sociologie, des principes pour la conduite ou pour la réforme de l'éducation. Ainsi conçue, la pédagogie peut être idéaliste, sans verser dans l'utopie.

Que bon nombre de pédagogues illustres aient cédé à l'esprit de système, assigné à l'éducation un but inaccessible ou arbitrairement choisi, proposé des procédés artificiels, non seulement Durkheim ne le nie pas, mais il met mieux en garde que quiconque contre leur exemple. La sociologie combat ici l'ennemi qu'elle a l'habitude de trouver en face d'elle : dans tous les domaines, en morale, en politique, même en économie politique, l'étude scientifique des institutions a été précédée par une philosophie essentiellement *artificialiste*, qui prétendait formuler des recettes pour assurer aux individus ou aux peuples le maximum de bonheur, sans connaître d'abord suffisamment leurs conditions d'existence. Rien n'est plus

---

1. *Der Begriff der staatsbürgerlichen Erziehung*, 4te Aufl. Berlin et Leipzig, 1921 (?).

contraire aux habitudes intellectuelles du sociologue que de dire d'emblée : voici comme il faut élever l'enfant, en faisant table rase de l'éducation qu'on lui donne réellement. Cadres scolaires, programmes d'enseignement, méthodes, traditions, habitudes, tendances, idées, idéaux des maîtres, ce sont là des faits, dont elle cherche à découvrir pourquoi ils sont ce qu'ils sont, bien loin de prétendre d'abord les changer. Si l'éducation française est largement traditionnelle, peu disposée à se couler dans les formes techniques de méthodes concertées; si elle fait largement crédit aux facultés d'intuition, de tact, d'initiative des maîtres; si elle est respectueuse de l'évolution libre de l'enfant ; si même elle résulte, pour la majeure partie, non de l'action systématique des maîtres, mais de l'action diffuse et non volontaire du milieu, c'est là un fait, qui a ses causes, et qui répond, en gros, aux conditions d'existence de la société française. La pédagogie, inspirée par la sociologie, ne risque donc pas de se faire l'apologiste d'un *système* aventureux, ou de conseiller une *mécanisation* de l'enfant, qui contrarierait son développement spontané. Ainsi, tombent les objections de penseurs éminents, qui s'obstinent à opposer Éducation et Pédagogie, comme si réfléchir sur l'action qu'on exerce, c'était nécessairement se condamner à fausser cette action.

Mais ce n'est pas à dire que la réflexion scientifique soit pratiquement stérile, et que le réalisme soit le fait de l'esprit conservateur, qui accepte paresseusement tout ce qui est. Savoir, pour prévoir et pourvoir, disait Auguste Comte, de la science positive. En fait, mieux on connaît la nature des choses, mieux on a chance de l'utiliser efficacement. L'éducateur est obligé, par exemple, de manier l'attention de l'enfant. Personne ne niera qu'il la maniera mieux, s'il en connaît plus exactement la nature. La psychologie comporte donc des applications pratiques, dont la pédagogie formule les règles pour l'éducation. De la même façon, la science sociologique de l'éducation peut comporter des applications pratiques. En quoi consiste la laïcisation de la moralité ? Quelles sont ses causes ? D'où proviennent les résistances qu'elle soulève ? Quelles difficultés l'éducation morale a-t-elle à vaincre, quand elle se dissocie de l'éducation religieuse ? Problème manifestement social, problème d'actualité pour les sociétés contemporaines : comment contester que son étude désintéressée puisse conduire à formuler des règles pédagogiques, dont l'instituteur français du xx° siècle aurait avantage à s'inspirer, dans sa pratique éducative ? Les crises sociales, les conflits sociaux ont des causes : cela ne veut pas dire qu'il soit interdit de leur chercher des issues et des remèdes. Les institutions ne sont ni absolument plastiques, ni absolument réfractaires à toute modification délibérée. Les adapter prudemment à leur rôle respectif, les adapter les unes aux autres et chacune d'elles à la civilisation où elles s'incorporent : il y a là un beau champ d'action pour une *politique* rationnelle, et, s'il s'agit des institutions de l'éducation, pour une *pédagogie* rationnelle, ni conservatrice ni révolutionnaire, efficace dans les limites où l'action délibérée de l'homme peut être efficace.

Ainsi peuvent se concilier le réalisme et l'idéalisme. Les idéaux sont des réalités. En fait, par exemple, la France contemporaine a un idéal intellectuel ; elle conçoit un type idéal d'intelligence qu'elle propose à l'enfant. Mais cet idéal est complexe et confus. Les publicistes, qui prétendent l'exprimer, n'en montrent généralement chacun qu'une des faces, un des éléments : éléments de provenance, d'âge et, pour ainsi dire, d'orientation divers, solidaires, les uns de certaines tendances sociales, les autres de tendances différentes ou opposées. Il n'est pas impossible de traiter cet idéal complexe comme une chose, c'est-à-dire d'en analyser les composants, de déterminer leur genèse, leurs causes et les besoins auxquels ils correspondent. Mais cette étude, d'abord toute désintéressée, est la meilleure préparation au *choix* qu'une volonté raisonnable peut se proposer de faire entre les divers programmes d'enseignement concevables, entre les règles à suivre pour l'application du programme choisi. On pourrait répéter la même chose, *mutatis mutandis*, de l'éducation morale, et des questions de détail, aussi bien que des problèmes les plus généraux. Bref, l'opinion, le législateur, l'administration, les parents, les maîtres ont, à tout instant, des choix à faire, qu'il s'agisse de réformer profondément les institutions ou de les faire fonctionner au jour le jour. Or, ils travaillent sur une matière résistante qui ne se laisse pas manier arbitrairement : milieu social, institutions, habitudes, traditions, tendances collectives. La pédagogie, en tant qu'elle dépend de la sociologie, est la préparation rationnelle de ces choix.

Durkheim attachait la plus haute importance, non seulement comme savant, mais comme citoyen, à cette conception rationaliste de l'action. Hostile à l'agitation réformiste, qui trouble sans améliorer, surtout aux réformes négatives, qui détruisent sans remplacer, il avait cependant le sens et le goût de l'action. Mais, pour que l'action fût féconde, il voulait qu'elle portât sur ce qui est possible, limité, défini, déterminé dans les conditions sociales où elle s'exerce. Son enseignement pédagogique, s'adressant à des éducateurs, a toujours eu un caractère immédiatement pratique. Absorbé par ses autres travaux, il n'a pas eu le temps de s'appliquer à des recherches purement spéculatives sur l'éducation. Dans ses cours, les sujets sont abordés selon la méthode scientifique définie tout à l'heure. Mais le choix des sujets est dicté par les difficultés pratiques que rencontre l'éducateur public dans la France contemporaine, et c'est à des conclusions pédagogiques que le professeur aboutit.

III

Durkheim a laissé le manuscrit, complètement rédigé, d'un cours en dix-huit leçons sur l'*Éducation morale à l'École primaire*. En voici l'économie générale. La première leçon est une introduction sur la morale laïque. Durkheim y définit la tâche morale qui, dans la France contemporaine, incombe à l'instituteur : il s'agit, pour lui, de donner une éducation morale laïque, rationaliste. Cette laïcisation de la moralité est commandée par tout le développement historique. Mais elle est difficile. La religion et la moralité ont été, dans l'histoire de la civilisation, si intimement unies, que leur dissociation nécessaire ne saurait être une opération simple. Si l'on se contente de vider la moralité de tout contenu religieux, on la mutile. Car la religion exprime, à sa manière, dans un langage symbolique, des choses vraies. Ces vérités, il ne faut pas les laisser perdre, avec les symboles qu'on élimine ; il faut les retrouver, en les projetant sur le plan de la pensée laïque. Les systèmes rationalistes, surtout les systèmes non-métaphysiques, ont généralement présenté, de la moralité, une image beaucoup trop simplifiée. En se faisant sociologique, l'analyse morale peut donner un fondement rationnel, ni religieux ni métaphysique, à une moralité aussi complexe, plus riche même, sous certains rapports, que la moralité religieuse traditionnelle, et remonter jusqu'aux sources d'où jaillissent les forces morales les plus énergiques.

Les leçons qui suivent se groupent en deux parties bien distinctes, et ce plan illustre ce que nous avons dit de la contribution qu'apportent respectivement, à la pédagogie, la sociologie d'une part, la psychologie de l'autre. La première partie étudie la moralité en elle-même, c'est-à-dire la civilisation morale que l'éducation transmet à l'enfant : c'est une analyse sociologique. La seconde étudie la nature de l'enfant qui devra s'assimiler cette moralité : ici la psychologie est au premier plan.

Les huit leçons que Durkheim a consacrées à l'analyse de la moralité sont ce qu'il a laissé de plus achevé sur ce sujet, puisque la mort l'a interrompu au moment où il rédigeait, pour la publication, les prolégomènes de sa *Morale*. Elles sont à rapprocher des pages qui ont paru dans le *Bulletin de la Société française de philosophie* sur *La détermination du fait moral*. Il n'y traite pas des divers devoirs, mais des caractères généraux de la moralité. C'est l'équivalent, chez lui, de ce que les philosophes appellent la Morale théorique. Mais la méthode qu'il applique renouvelle le sujet.

On conçoit aisément comment la sociologie peut étudier ce que sont, en fait, la famille, l'État, la propriété, le contrat. Mais, quand il s'agit du Bien et du Devoir, il semble qu'on ait affaire à de purs concepts, non à des institutions, et qu'une méthode d'analyse abstraite s'impose ici, à défaut d'une observation inapplicable. Voici le biais par où Durkheim aborde son sujet. L'éducation morale a, sans doute, pour rôle d'initier l'enfant aux divers devoirs, de susciter en lui les vertus particulières, prises une à une. Mais elle a aussi pour rôle de développer en lui l'aptitude générale à la moralité, les dispositions fondamentales qui sont à la racine de la vie morale, de constituer en lui l'agent moral, prêt aux initiatives qui sont la condition du progrès. Quels sont, en fait, dans la société française contemporaine, les éléments du tempérament moral, dont la réalisation est le but vers lequel doit tendre l'éducation morale générale ? Ces éléments, on

peut les décrire, comprendre leur nature et leur rôle.
Et c'est, en somme, cette description qui forme le contenu des morales dites théoriques. Chaque philosophe
définit, à sa manière, ces éléments fondamentaux. Mais
il construit, plutôt qu'il ne décrit. Nous pouvons refaire
le même travail, en prenant pour objet, non plus notre
idéal personnel, mais l'idéal qui est, en fait, celui de
notre civilisation. Ainsi l'étude de l'éducation morale
nous permet de saisir, dans les faits, les réalités
auxquelles correspondent les concepts très abstraits
que manient les philosophes. Elle met la science des
mœurs en mesure d'observer ce qu'est la moralité,
dans ses caractères les plus généraux, parce que, dans
l'éducation, nous apercevons la moralité au moment où
elle se transmet, au moment où, par conséquent, elle
se distingue le plus nettement des consciences individuelles, dans la complexité desquelles elle est, habi-
tuellement, enveloppée.

Durkheim ramène à trois ces éléments fondamentaux de notre moralité. Ce sont l'esprit de discipline,
l'esprit d'abnégation et l'esprit d'autonomie. Indi-
quons, à titre d'exemple, quel plan suit Durkheim dans
l'analyse du premier élément. L'esprit de discipline
est, à la fois, le sens et le goût de la régularité, le sens
et le goût de la limitation des désirs, le respect de la
règle, qui impose à l'individu l'inhibition des impul-
sions et l'effort. Pourquoi la vie sociale exige-t-elle
régularité, limitation et effort ? Puis, comment l'individu trouve-t-il, finalement, à accepter ces exigences
pénibles, les conditions de son propre bonheur ?
Répondre à ces questions, c'est dire quelle est la fonction de la discipline. Comment la société est-elle apte
à imposer la discipline et, notamment, à éveiller dans
l'individu le sentiment du respect dû à l'autorité d'un
impératif catégorique, qui apparaît comme transcen-
dant ? Répondre à cette question, c'est traiter de la

nature de la discipline et de son fondement rationnel. Pourquoi, enfin, la règle peut-elle et doit-elle être conçue comme indépendante de tout symbolisme religieux et même métaphysique ? En quoi cette laïcisation de la discipline modifie-t-elle le contenu même de l'idée de discipline, ce qu'elle exige et ce qu'elle permet ? Ici, nous rattachons la nature et la fonction de la discipline, non plus aux conditions de la civilisation en général, mais aux conditions particulières d'existence de la civilisation où nous vivons. Et nous recherchons si notre esprit de discipline, à nous, Français, est bien tout ce qu'il doit être, s'il n'est pas pathologiquement affaibli, et comment l'éducation, tout en respectant ses caractères propres, peut améliorer notre moralité nationale.

Une analyse symétrique s'applique à l'esprit d'abnégation. Qu'est-il, à quoi sert-il, du point de vue de la société, comme du point de vue de l'individu ? Quelles sont les fins auxquelles nous, Français du XIXe siècle, nous devons nous dévouer ? Quelle est la hiérarchie de ces fins, et d'où proviennent, comment peuvent se concilier leurs antagonismes partiels ? — Mêmes questions pour l'esprit d'autonomie. L'analyse de ce dernier élément est particulièrement féconde, parce qu'il s'agit ici d'un des traits les plus récents de la moralité, du trait le plus caractéristique de la moralité laïque et rationaliste de nos sociétés démocratiques.

Ces indications sommaires suffisent à marquer l'une des principales supériorités de la méthode suivie par Durkheim. Il réussit à montrer toute la complexité, toute la richesse de la vie morale, richesse faite d'oppositions qui ne peuvent jamais être que partiellement fondues dans une synthèse harmonieuse, richesse telle qu'aucun individu, si grand soit-il, ne peut jamais aspirer à porter en lui, à leur plus haut degré de développement, tous ces éléments et, ainsi, à réaliser, intégralement, en lui seul, la moralité tout entière. Personnellement, Durkheim, comme l'avait été Kant, fut avant tout un homme de volonté et de discipline. De la moralité, c'est l'aspect kantien qu'il voit d'abord et le plus nettement. Et l'on a parfois voulu faire, de la contrainte, la seule action qu'exerçait, selon lui, la société sur l'individu. Sa véritable doctrine est infiniment plus compréhensive, et il n'y a peut-être pas de philosophie morale qui le soit au même degré. Il a bien montré, par exemple, que les forces morales, qui contraignent et même violentent la nature animale de l'homme, exercent aussi, sur l'homme, une attraction, une séduction, et que c'est à ces deux aspects du fait moral que répondent les deux notions du devoir et du bien. Et il a montré que, vers ces deux pôles, s'orientaient deux activités morales distinctes, dont ni l'une ni l'autre n'est étrangère à l'agent moral bien constitué, mais qui, selon que prévaut l'une ou l'autre, distinguent les agents moraux en deux types différents, l'homme du sentiment, de l'enthousiasme, chez qui domine l'aptitude à se donner, et l'homme de volonté, plus froid et plus austère, chez qui domine le sens de la règle. L'eudémonisme, l'hédonisme ont eux-mêmes leur place dans la vie morale : il faut, disait un jour Durkheim, qu'il y ait des épicuriens. Ainsi, des disparates, même des contraires, se fondent dans la richesse de la civilisation morale, richesse que l'analyse abstraite des philosophes se condamne généralement à appauvrir, parce qu'elle veut, par exemple, déduire l'idée du bien de celle du devoir, concilier les concepts d'obligation et d'autonomie, et réduire ainsi au jeu logique de quelques idées simples une réalité très compliquée.

Les neuf leçons qui forment la deuxième partie du cours abordent le problème proprement pédagogique. On vient de dénombrer et de définir les éléments de la moralité qu'il s'agit, pour nous, de constituer chez l'enfant. Comment la nature de l'enfant se prête-t-elle à la recevoir, quelles ressources, quels ressorts, mais aussi quels obstacles y rencontre l'éducateur? Les titres des leçons suffisent à indiquer la marche de la pensée : *la discipline et la psychologie de l'enfant* d'abord, *la discipline scolaire, la pénalité et les récompenses scolaires* ; puis *l'altruisme chez l'enfant et l'influence du milieu scolaire sur la formation du sens social* ; enfin l'influence générale de l'enseignement des sciences, des lettres, de l'histoire, de la morale elle-même, et aussi de la culture esthétique, sur *la formation de l'esprit d'autonomie.*

L'autonomie est l'attitude d'une volonté qui accepte la règle, parce qu'elle la reconnaît rationnellement fondée. Elle suppose l'application, libre mais méthodique, de l'intelligence à l'examen des règles que l'enfant reçoit d'abord, toutes faites, de la société dans laquelle il grandit, mais que, bien loin de les accepter passivement, il doit, peu à peu, apprendre à vivifier, à concilier, à épurer de leurs éléments caducs, à réformer, pour les adapter aux conditions d'existence, changeantes, de la société dont il devient un membre actif. C'est, dit Durkheim, la science qui confère l'autonomie. Elle seule apprend à reconnaître ce qui est fondé dans la nature des choses, nature physique, mais aussi nature morale, ce qui est inéluctable, ce qui est modifiable, ce qui est normal, quelles sont donc les limites de l'action efficace pour améliorer la nature, nature physique, nature morale. Tout l'enseignement a, de ce point de vue, une destination morale, celui des sciences cosmologiques, mais surtout l'enseignement de l'homme lui-même, par l'histoire et par la sociologie. Et c'est ainsi que l'*éducation* morale complète réclame, aujourd'hui, un *enseignement* de la morale : deux choses que Durkheim distingue nettement, bien que la seconde serve à achever la première. Il lui paraît indispensable, même à l'Ecole primaire, que le maître enseigne à l'enfant ce que sont les sociétés où il est appelé à vivre : famille, corporation, nation, communauté de civilisation qui tend à incorporer l'humanité tout entière ; comment elles se sont formées et transformées ; quelle action elles exercent sur l'individu et quel rôle il y joue. Du cours qu'il a fait plusieurs fois sur cet *Enseignement de la morale à l'Ecole primaire*, nous n'avons que des ébauches de rédaction ou des plans de leçons. Durkheim y montre, aux instituteurs, comment il est possible de traduire, pour les mettre à la portée des intelligences enfantines, les résultats de ce qu'il appelait la « Physiologie du droit et des mœurs ». C'est la vulgarisation de la science des mœurs, à laquelle il a, par ailleurs, consacré la majeure partie de ses ouvrages et de ses cours.

IV

L'*Éducation intellectuelle à l'École primaire* fait l'objet d'un cours, complètement rédigé, lui aussi, parallèle à celui qui concerne l'éducation morale et construit à peu près sur le même plan. Durkheim en était moins satisfait : il sentait la difficulté de mettre au point son travail. C'est que l'idéal intellectuel de notre démocratie est moins défini que son idéal moral, son étude scientifique a été moins préparée, la matière est plus nouvelle.

Ici encore, deux parties d'orientations différentes : l'une regarde le but visé, l'autre les moyens employés ; la première demande à la sociologie de définir le type intellectuel que notre société s'efforce de réaliser; l'autre demande à la logique et à la psychologie quel apport chaque discipline fournit, quelles ressources, quels ressorts, quelles résistances l'esprit de l'enfant présente à l'éducateur qui travaille à la réalisation de ce type. Parmi les leçons purement psychologiques, signalons seulement celles qui traitent de l'attention : elles témoignent de ce que Durkheim pouvait faire, quand il s'appliquait à la psychologie.

Pour assigner à l'éducation intellectuelle primaire un but déterminé, Durkheim étudie les origines de l'Enseignement primaire et recherche comment il a, en fait, pris conscience de sa nature et de son rôle propres. Il s'est développé postérieurement à l'enseignement secondaire, et s'est défini, dans quelque mesure, par opposition avec lui. C'est chez deux de ses principaux initiateurs, Comenius et Pestalozzi, que Durkheim cherche à saisir son idéal en formation. Tous deux se sont demandé comment un enseignement pouvait être à la fois encyclopédique et élémentaire, — donner une idée du tout, former un esprit juste et équilibré, c'est-à-dire capable d'appréhender le réel tout entier, sans en méconnaître aucun élément essentiel, — mais aussi s'adresser à tous les enfants sans exception, dont le plus grand nombre devra se contenter de notions sommaires, faciles à assimiler rapidement. Par l'interprétation critique des tentatives de Comenius et de Pestalozzi, Durkheim élabore sa détermination de l'idéal à réaliser. Comme la moralité, l'intellectualité requise chez le Français contemporain exige la constitution, dans l'esprit, d'un certain nombre d'aptitudes fondamentales. Durkheim les appelle des *catégories*, notions-mères, centres d'intelligibilité, qui sont les cadres et les outils de la pensée logique. Entendez, par catégories, non pas seulement les formes les plus abstraites de la pensée, la notion de cause ou celle de substance, mais les idées, plus riches de contenu, qui président à notre interprétation du réel, à notre interprétation actuelle : *notre* idée du monde physique, *notre* idée de la vie, *notre* idée de l'homme, par exemple. Ces catégories, on ne voit

pas qu'elles soient innées à l'esprit humain. Elles ont
une histoire ; elles se sont, peu à peu, construites au
cours de l'évolution de la civilisation et, dans notre
civilisation, par le développement des sciences physiques et morales. Un bon esprit est un esprit dont les
idées maîtresses, qui règlent l'exercice de la pensée,
sont en harmonie avec les sciences fondamentales, telles
qu'elles sont actuellement constituées : ainsi armé, cet
esprit peut se mouvoir dans la vérité, telle que nous la
concevons. Il faut donc enseigner à l'enfant les éléments
des sciences fondamentales, disons mieux, des disciplines fondamentales, pour bien marquer que la grammaire ou l'histoire, par exemple, coopèrent, elles
aussi, et au plus haut degré, à la formation de l'entendement.

Avec tant de grands pédagogues, Durkheim s'accorde
donc à demander ce qu'on appelle, d'un terme barbare,
la culture *formelle* : former l'esprit, non le remplir ; ce
n'est pas pour l'utilité qu'elles procurent que valent
surtout les connaissances. Rien de moins utilitaire que
cette conception de l'instruction. Mais son formalisme
est original et s'oppose nettement à celui d'un Montaigne, à celui des humanistes. En effet, la transmission, par le maître à l'élève, d'un savoir positif, l'assi-
milation par l'enfant d'une *matière* lui paraît être la
condition d'une véritable formation intellectuelle. On
en voit la raison : l'analyse sociologique de l'entendement entraîne des conséquences pédagogiques. La
mémoire, l'attention, la faculté d'association sont des
dispositions congénitales chez l'enfant, que l'exercice
développe, dans le champ de la seule expérience indivi
duelle, quel que soit l'objet auquel ces facultés s'appli-
quent. Les idées directrices élaborées par notre civilisation sont, au contraire, des idées collectives qu'il faut
transmettre à l'enfant, parce qu'il ne saurait les élaborer seul. On ne refait pas la science, par son expé-

rience propre, parce qu'elle est sociale et non individuelle ; on l'apprend. Sans doute, elle ne se transvase pas d'un esprit dans un autre : c'est le vase même, c'est-à-dire l'intelligence, qu'il s'agit, par et sur la science, de modeler. Ainsi, quoique les idées directrices soient des formes, il n'est pas possible de les transmettre vides. Auguste Comte disait déjà qu'on ne peut étudier la logique sans la science, la méthode des sciences sans leur doctrine, s'initier à leur esprit sans s'assimiler quelques-uns de leurs résultats. Durkheim pense avec lui qu'il faut apprendre des choses, acquérir du savoir, abstraction faite même de la valeur propre des connaissances, parce que des connaissances sont nécessairement impliquées dans les formes constitutives de l'entendement.

Pour apercevoir tout ce que Durkheim tire de ces principes, il faudrait entrer dans le détail de la seconde partie du cours. Il y étudie successivement la didactique de quelques enseignements fondamentaux : les mathématiques et les catégories de nombre et de forme ; la physique et la notion de réalité ; la géographie et la notion de milieu planétaire ; l'histoire et les notions de durée et de développement historiques. L'énumération est incomplète. Ailleurs, Durkheim a traité de l'éducation logique par les langues. Il donne seulement des exemples. La collaboration des spécialistes serait d'ailleurs nécessaire pour suivre, dans le détail, toutes les conséquences didactiques des principes posés.

Soit, par exemple, la notion de durée historique. L'histoire est le développement, dans le temps, des sociétés humaines. Mais ce temps dépasse infiniment les durées que connaît l'individu, dont il a l'expérience directe. L'histoire ne peut avoir de sens pour un esprit qui ne possède pas une certaine représentation de cette durée historique ; un bon esprit est, notamment, un esprit qui la possède. Or l'enfant ne peut pas construire seul cette représentation, dont les éléments ne lui sont pas fournis par la sensation, ni par la mémoire individuelle. Il faut donc l'aider à la construire. En fait, c'est l'une des fonctions que remplit l'enseignement historique. Mais il la remplit, peut-on dire, sans le vouloir expressément. Il est remarquable que le maître sente rarement l'inanité des dates et la nécessité de travailler systématiquement à leur donner une signification. On apprend à l'enfant : bataille de Tolbiac, 496. Comment l'enfant attacherait-il à cette date un sens précis, alors que la représentation d'un passé, même prochain, lui est si difficile? Tout un travail est nécessaire, dont les étapes pourraient être les suivantes : donner l'idée d'un siècle, en ajoutant, l'une à l'autre, la durée de trois ou quatre générations; celle de l'ère chrétienne, en expliquant pourquoi la naissance du Christ a été choisie comme origine. Entre le point de départ et l'époque actuelle, jalonner la durée par des points de repère concrets, biographies de personnages ou événements symboliques. Constituer ainsi. un premier canevas, dont on serrera peu à peu la trame. Puis, faire sentir que le point initial de l'ère est conventionnel, qu'il y a d'autres ères, d'autres histoires que la nôtre, que ces ères flottent elles-mêmes dans une durée à laquelle la chronologie humaine ne s'applique plus, que les premiers commencements nous échappent, etc. Combien peu, parmi nous, se rappellent avoir reçu, de leurs professeurs d'histoire, des leçons inspirées de pareils principes. Nous avons bien acquis, à la longue, les notions dont il s'agit; on ne peut pas dire que, sauf exception, elles aient été méthodiquement constituées. L'un des résultats essentiels de l'enseignement historique est donc à peu près obtenu, en fait, sans être clairement aperçu ni voulu. Or la brièveté de l'éducation primaire exige qu'on marche tout droit au but, si cette éducation veut donner sa pleine efficacité.

On peut dire que, jusqu'à nos jours, l'enseignement grammatical et littéraire est le seul qui ait eu pleinement conscience de son rôle logique : il apprend *pour former;* les connaissances qu'il transmet sont volontairement utilisées à la constitution de l'entendement. Dans quelque mesure, l'enseignement mathématique s'assigne le même rôle : ici déjà, pourtant, la fonction éducative, créatrice des connaissances est souvent perdue de vue, et les connaissances appréciées en elles-mêmes. On le voit, la didactique de Durkheim s'apparente, en la renouvelant, à celle de Herbart. Mise à sa place dans l'histoire des doctrines pédagogiques, elle paraît trancher le conflit du *formalisme* et de son contraire, l'opposition du savoir et de la culture. Elle fournit le principe qui permettra seul de résoudre les difficultés où se débattent nos enseignements primaire et secondaire, pris entre les aspirations encyclopédiques et le juste sentiment des dangers qu'elles font naître. Chacune des disciplines fondamentales implique une philosophie latente, c'est-à-dire un système de notions cardinales, qui résument les caractères les plus généraux des choses, telles que nous les concevons, et qui commandent leur interprétation. C'est cette philosophie, fruit du travail accumulé des générations, qu'il faut transmettre à l'enfant, parce qu'elle constitue l'ossature même de l'intelligence. *Philosophique* et *élémentaire* ne sont pas des termes qui s'excluent. Bien au contraire : l'enseignement le plus élémentaire doit être le plus philosophique. Mais il va de soi que ce qu'on appelle ici philosophie ne doit pas être exposé sous forme abstraite. Elle doit se dégager de l'enseignement le plus familier, sans jamais se formuler. Mais, pour s'en dégager ainsi, il faut d'abord qu'elle l'inspire.

V

L'éducation intellectuelle élémentaire ressortit à deux types, l'enseignement primaire pour la masse, l'enseignement secondaire pour l'élite. C'est l'éducation de l'élite qui soulève, dans la France contemporaine, les problèmes les plus embarrassants. Depuis plus d'un siècle, notre enseignement secondaire traverse une crise, dont l'issue est encore incertaine. On peut parler, sans exagération, de la question sociale de l'enseignement secondaire. Quelle est exactement sa nature, et quel est son rôle ? Quelles causes ont déterminé la crise, en quoi consiste-t-elle au juste, comment peut-on prévoir qu'elle se dénouera ? C'est à traiter ces questions que Durkheim a consacré un de ses plus beaux cours, sur l'*Évolution et le Rôle de l'Enseignement secondaire en France* : cours qu'il a professé plusieurs fois et dont il a laissé deux rédactions achevées. Il l'avait entrepris à la demande du recteur Liard, quand celui-ci voulut organiser, pour la première fois, un enseignement pédagogique à l'usage des futurs professeurs de l'enseignement secondaire. Destiné aux candidats à toutes les agrégations, tant scientifiques que littéraires, il avait pour but, dans la pensée de Durkheim, d'éveiller, en même temps, chez tous, le sentiment de la tâche commune : sentiment indispensable, si l'on veut que des disciplines diverses concourent à un enseignement qui, comme l'esprit qu'il forme, doit avoir son unité. Il est vraisemblable que les futurs professeurs de l'enseignement secondaire sentiront un jour, d'eux-mêmes, le besoin de réfléchir méthodiquement, sous la direction d'un maître, à la nature et à la fonction propre de l'institution qu'ils ont à faire vivre. Et ce jour-là, le cours de Durkheim apparaîtra comme le guide le plus sûr pour cette réflexion. Son auteur estimait insuffisantes, sur plusieurs points, les recherches qu'il avait entreprises, la documentation sur laquelle il s'était appuyé. Qu'on n'oublie pas, avant de juger l'œuvre, qu'il n'a guère consacré, à ce sujet immense, qu'une ou deux années de travail. Tel quel, ce cours est un modèle incomparable de ce que peut donner l'application, aux choses de l'éducation, de la méthode sociologique. C'est le seul exemple achevé qu'ait pu laisser Durkheim de l'analyse historique d'un système d'institutions scolaires.

Pour savoir ce qu'est l'enseignement secondaire actuel de la France, Durkheim observe comment il s'est formé. Les cadres datent du moyen âge, qui a vu naître les Universités. C'est au sein de l'Université, par l'internement progressif, dans les collèges, de l'enseignement donné à la Faculté des arts, que l'enseignement secondaire a pris naissance, en se différenciant de l'enseignement supérieur. Ainsi s'expliquent leurs affinités : l'un prépare à l'autre. L'enseignement dialectique est, au moyen âge, la propédeutique générale, parce que la dialectique est alors la méthode universelle ; enseignement formel, culture générale donnée à l'aide d'une discipline très spéciale, il a déjà les caractères que gardera, dans tout le cours de son histoire, l'enseignement secondaire. Mais, si les cadres sont constitués dès le moyen âge, la discipline éducative change au XVIᵉ siècle : à la logique se substituent les humanités gréco-latines. Originaire de la Renaissance, l'humanisme, en France, a été mis en œuvre surtout par les Jésuites. Ils lui ont imprimé leur marque propre ; et, bien que leurs rivaux, Oratoire, Port-Royal, Université, aient tempéré leur système, c'est l'humanisme, tel que l'ont compris les Jésuites, qui a été l'éducateur par excellence de l'esprit classique français. Dans aucune société européenne, l'influence de l'humanisme n'a été aussi exclusive : notre esprit national, par quelques-uns de ses caractères dominateurs, s'y exprime et, à la fois, en résulte, avec ses qualités et ses défauts. Mais, à partir du XVIIIe siècle surtout, d'autres tendances se manifestent : la pédagogie, dite réaliste, bat l'humanisme en brèche. Elle produit d'abord des doctrines, sans action immédiate sur les institutions scolaires. Puis elle crée, avec les Ecoles Centrales de la Convention, un système scolaire complètement nouveau, dont la durée est éphémère. Et le XIXe siècle met aux prises, sans réussir à éliminer l'un ni l'autre, ni, non plus, à les concilier définitivement, l'ancien système et le nouveau. Et c'est encore de ce conflit que nous cherchons à sortir. En nous permettant de le comprendre, l'histoire nous arme pour le résoudre.

VI

L'enseignement pédagogique fait, en général, une large part à l'histoire critique des doctrines de l'éducation. Durkheim reconnaît l'intérêt de cette étude. Il s'y est longuement appliqué. Dans les deux cours sur l'éducation intellectuelle, primaire et secondaire, une place est faite à l'histoire des doctrines : celle de Comenius, entre autres, a retenu son attention. Il a laissé des plans de leçons et des notes de cours qui forment une histoire des principales doctrines pédagogiques, en France, depuis la Renaissance. *La Revue de Métaphysique et de Morale* a publié le plan développé de ses leçons sur Jean-Jacques Rousseau. Enfin il a rédigé intégralement un Cours, d'une année entière, sur Pestalozzi et Herbart. Disons seulement ici quelle méthode il a suivie.

D'abord, il distingue nettement l'histoire des théories de l'Éducation de l'histoire de l'Éducation elle-même. La confusion est souvent faite. Il y a là pourtant deux choses aussi distinctes que l'histoire de la philosophie politique et l'histoire des institutions politiques. Il serait à souhaiter que nos éducateurs connussent mieux l'histoire de nos institutions scolaires et ne crussent pas, comme il arrive, l'apercevoir à travers Rousseau ou Montaigne.

Puis, Durkheim traite surtout les doctrines comme des faits, et c'est l'éducation de l'esprit historique qu'il entend poursuivre, en les étudiant. C'est tout autrement, d'habitude, qu'on les aborde. Qu'on prenne, par exemple, les livres de Gabriel Compayré, manuels classiques d'histoire de la Pédagogie, familiers à tous nos instituteurs. Malgré leur nom, ce ne sont pas, à proprement parler, des histoires. Sans doute, ils rendent des services. Mais ils rappellent fâcheusement une certaine conception de l'histoire de la philosophie, heureusement désuète. Il semble que les grands pédagogues, un Rabelais, un Montaigne, un Rollin, un Rousseau, y apparaissent comme les collaborateurs du théoricien qui, actuellement, cherche à fixer la doctrine pédagogique. On dirait qu'il y a une vérité pédagogique éternelle, universellement valable, dont ils ont proposé des approximations. Dans leur doctrine, on cherche à séparer l'ivraie et le bon grain, à retenir les préceptes utilisables actuellement pour les maîtres, à rejeter leurs paradoxes et leurs erreurs. La critique dogmatique prend le pas sur l'histoire, l'éloge ou le blâme sur l'explication des idées. Le résidu et le profit intellectuels sont assez minces. Ce n'est pas par la confrontation dialectique des théories du passé, théories plutôt riches d'intuitions confuses que scientifiquement construites, qu'on a chance d'élaborer une doctrine solide et pratiquement féconde. Il arrive communément que les pédagogues de second ordre, éclectiques, modérés et assez platement raisonnables, résistent beaucoup mieux à cette critique que les esprits de premier ordre. La sagesse d'un Rollin s'oppose avec avantage aux extravagances d'un Rousseau. Si la pédagogie était une science, son histoire aurait ce caractère étrange que le génie l'aurait le plus souvent conduite à l'erreur, et la médiocrité, maintenue dans le chemin du vrai.

Assurément, Durkheim conçoit qu'on puisse chercher à dégager, par une discussion critique, les éléments de vérité contenus dans une doctrine. Dans la Préface qu'il a écrite pour le livre posthume d'Hamelin, *Le Système de Descartes*, il a donné la formule d'une méthode d'interprétation, à la fois historique et critique. Et il a lui-même appliqué cette méthode à l'étude de Pestalozzi et de Herbart. Il aimait la forte et riche pensée de ces grands initiateurs, et, loin d'en méconnaître la fécondité, il se demandait même s'il ne leur prêtait pas quelqu'une des idées dont il croyait reconnaître chez eux les premières ébauches. Mais, quelle que puisse être leur valeur dogmatique, Durkheim demande surtout aux doctrines de révéler les forces sociales qui animent un système d'éducation ou travaillent à le modifier. L'histoire de la Pédagogie n'est pas l'histoire de l'éducation, car les théoriciens n'expriment pas exactement ce qui se passe en fait, et n'annoncent pas exactement ce qui se réalisera en fait. Mais les idées sont aussi des faits, et, quand elles ont du retentissement, des faits sociaux. Le prodigieux succès de l'*Émile* a d'autres causes que le génie de J.-J. Rousseau : il manifeste des tendances confuses, mais énergiques, de la société européenne du xviiie siècle. Il y a des pédagogues conservateurs, tels un Jouvency, un Rollin, qui reflètent l'idéal pédagogique des Jésuites ou de l'Université du xviie siècle. Et surtout, puisqu'on voit les grandes doctrines foisonner aux heures de crise, il y a des pédagogues révolutionnaires qui traduisent des choses collectives qu'il est essentiel à l'observateur d'atteindre, qu'il est presque impossible d'atteindre directement : aspirations, idéaux en voie de formation, rébellions contre des institutions devenues caduques. Durkheim a, par exemple, étudié de ce point de vue les idées pédagogiques de la Renaissance et distingué, mieux qu'on ne l'avait fait avant lui, les deux grands courants qui les emportent, celui qui traverse l'œuvre de Rabelais, l'autre, tout différent, malgré leur mélange partiel, qui traverse celle d'Érasme.

Telle est, dans ses grandes lignes, l'œuvre pédagogique de Durkheim. Ce bref exposé suffit à marquer quelle est son étendue et les rapports étroits qu'elle soutient avec l'ensemble de son œuvre sociologique. Aux éducateurs, elle apporte, sur les principaux problèmes pédagogiques, une doctrine originale et vigoureuse. Pour les sociologues, elle éclaire, sur quelques points essentiels, les conceptions que Durkheim a exposées ailleurs : rapports de l'individu et de la société, rapports de la science et de la pratique, nature de la moralité, nature de l'entendement. Éducateurs ou sociologues, nombreux sont ceux qui demandent que cette œuvre pédagogique ne reste pas inédite. On s'efforcera de publier les principaux Cours.

Le petit volume que nous donnons aujourd'hui leur servira d'introduction. Nous y réimprimons les seules études pédagogiques que Durkheim ait publiées lui-même [1]. Les deux premières reproduisent les articles *Éducation* et *Pédagogie* du *Nouveau Dictionnaire de*

---

[1].Mentionnons cependant : 1° l'article *Enfance*, dans le *Dictionnaire de Pédagogie*, que Durkheim a signé, en collaboration avec M. Buisson ; 2° la communication sur l'*Éducation sexuelle*, faite à la Société française de philosophie (Bulletin), qui s'apparente surtout aux travaux de Durkheim sur la famille et le mariage.

L'étude posthume sur l'*Émile*, parue dans la *Revue de Métaphysique et de Morale*, t. XXVI, 1919, p. 153, ne peut pas être séparée de l'étude sur *Le Contrat social* (même *Revue*, t. XXV, 1918).

Pédagogie et d'Instruction primaire, publié sous la direction de F. Buisson, Paris, Hachette, 1911 ; la troisième est la leçon d'ouverture, faite par Durkheim, lorsqu'il prit possession de sa chaire, à la Sorbonne, en 1902 ; elle a paru dans la *Revue de Métaphysique et de Morale*, numéro de janvier 1903 ; la dernière est la leçon d'ouverture du Cours organisé pour les candidats aux agrégations de l'enseignement secondaire ; faite en novembre 1905, cette leçon a paru dans la *Revue Politique et Littéraire (Revue Bleue)*, numéro du 20 janvier 1906.

Quelques pages font double emploi ; il y a même, dans les deux premiers morceaux, des emprunts textuels au troisième. Nous avons pensé que des remaniements auraient eu plus d'inconvénients que quelques répétitions.

P. F.

I

L'ÉDUCATION
SA NATURE ET SON ROLE

1° Les définitions de l'éducation. Examen critique.

Le mot d'éducation a été parfois employé dans un sens très étendu pour désigner l'ensemble des influences que la nature ou les autres hommes peuvent exercer soit sur notre intelligence, soit sur notre volonté. Elle comprend, dit Stuart Mill, « tout ce que nous faisons par nous-même et tout ce que les autres font pour nous dans le but de nous rapprocher de la perfection de notre nature. Dans son acception la plus large, elle comprend même les effets indirects produits sur le caractère et sur les facultés de l'homme par des choses dont le but est tout différent : par les lois, par les formes du gouvernement, les arts industriels, et même encore par des faits physiques, indépendants de la volonté de l'homme, tels que le climat, le sol et la position locale. » Mais cette définition comprend des faits tout à fait disparates et que l'on ne peut réunir sous un même vocable sans s'exposer à des confusions. L'action des choses sur les hommes est très différente, par ses procédés et ses résultats, de celle qui vient des hommes eux-mêmes ; et l'action des contemporains sur leurs contemporains diffère de celle que les adultes exercent sur les plus jeunes. C'est cette dernière seule qui nous intéresse ici et, par conséquent, c'est à elle qu'il convient de réserver le mot d'éducation.

Mais en quoi consiste cette action *sui generis*? Des réponses très différentes ont été faites à cette question ; elles peuvent se ramener à deux types principaux.

Suivant Kant, « le but de l'éducation est de développer dans chaque individu toute la perfection dont il est susceptible ». Mais que faut-il entendre par perfection? C'est, a-t-on dit bien souvent, le développement harmonique de toutes les facultés humaines. Porter au point le plus élevé qui puisse être atteint toutes les puissances qui sont en nous, les réaliser aussi complètement que possible, mais sans qu'elles se nuisent les unes aux autres, n'est-ce pas un idéal au-dessus duquel il ne saurait y en avoir un autre?

Mais si, dans certaine mesure, ce développement

harmonique est, en effet, nécessaire et désirable, il n'est pas intégralement réalisable; car il se trouve en contradiction avec une autre règle de la conduite humaine qui n'est pas moins impérieuse : c'est celle qui nous ordonne de nous consacrer à une tâche spéciale et restreinte. Nous ne pouvons pas et nous ne devons pas nous vouer tous au même genre de vie; nous avons, suivant nos aptitudes, des fonctions différentes à remplir, et il faut nous mettre en harmonie avec celle qui nous incombe. Nous ne sommes pas tous faits pour réfléchir; il faut des hommes de sensation et d'action. Inversement, il en faut qui aient pour tâche de penser. Or, la pensée ne peut se développer qu'en se détachant du mouvement, qu'en se repliant sur elle-même, qu'en détournant de l'action extérieure le sujet qui s'y donne tout entier. De là une première différenciation qui ne va pas sans une rupture d'équilibre. Et l'action, de son côté, comme la pensée, est susceptible de prendre une multitude de formes différentes et spéciales. Sans doute, cette spécialisation n'exclut pas un certain fond commun, et, par suite, un certain balancement des fonctions tant organiques que psychiques, sans lequel la santé de l'individu serait compromise, en même temps que la cohésion sociale. Il n'en reste pas moins qu'une harmonie parfaite ne peut être présentée comme la fin dernière de la conduite et de l'éducation.

Moins satisfaisante encore est la définition utilitaire d'après laquelle l'éducation aurait pour objet

de « faire de l'individu un instrument de bonheur
pour lui-même et pour ses semblables » (James
Mill); car le bonheur est une chose essentiellement
subjective que chacun apprécie à sa façon. Une
telle formule laisse donc indéterminé le but de l'éducation, et, par suite, l'éducation elle-même, puisqu'elle l'abandonne à l'arbitraire individuel. Spencer, il est vrai, a essayé de définir objectivement le
bonheur. Pour lui, les conditions du bonheur sont
celles de la vie. Le bonheur complet, c'est la vie
complète. Mais que faut-il entendre par la vie? S'il
s'agit uniquement de la vie physique, on peut bien
dire ce sans quoi elle serait impossible; elle implique, en effet, un certain équilibre entre l'organisme et son milieu, et, puisque les deux termes en
rapport sont des données définissables, il en doit
être de même de leur rapport. Mais on ne peut
exprimer ainsi que les nécessités vitales les plus
immédiates. Or, pour l'homme, et surtout pour
l'homme d'aujourd'hui, cette vie-là n'est pas la vie.
Nous demandons autre chose à la vie que le fonctionnement à peu près normal de nos organes. Un
esprit cultivé aime mieux ne pas vivre que de
renoncer aux joies de l'intelligence. Même au seul
point de vue matériel, tout ce qui dépasse le strict
nécessaire échappe à toute détermination. Le
standard of life, l'étalon de vie, comme disent
les Anglais, le minimum au-dessous duquel il ne
nous semble pas qu'on puisse consentir à descendre,
varie infiniment suivant les conditions, les milieux

et les temps. Ce que nous trouvions hier suffisant nous paraît aujourd'hui au-dessous de la dignité de l'homme, telle que nous la sentons présentement, et tout fait croire que nos exigences sur ce point iront en croissant.

Nous touchons ici au reproche général qu'encourent toutes ces définitions. Elles partent de ce postulat qu'il y a une éducation idéale, parfaite, qui vaut pour tous les hommes indistinctement ; et c'est cette éducation universelle et unique que le théoricien s'efforce de définir. Mais d'abord, si l'on considère l'histoire, on n'y trouve rien qui confirme une pareille hypothèse. L'éducation a infiniment varié selon les temps et selon les pays. Dans les cités grecques et latines, l'éducation dressait l'individu à se subordonner aveuglément à la collectivité, à devenir la chose de la société. Aujourd'hui, elle s'efforce d'en faire une personnalité autonome. A Athènes, on cherchait à former des esprits délicats, avisés, subtils, épris de mesure et d'harmonie, capables de goûter le beau et les joies de la pure spéculation ; à Rome, on voulait avant tout que les enfants devinssent des hommes d'action, passionnés pour la gloire militaire, indifférents à ce qui concerne les lettres et les arts. Au moyen âge, l'éducation était avant tout chrétienne ; à la Renaissance, elle prend un caractère plus laïc et plus littéraire ; aujourd'hui, la science tend à y prendre la place que l'art y occupait autrefois. — Dira-t-on que le fait n'est pas l'idéal ; que si l'éducation a varié, c'est que les hommes se sont mépris sur ce qu'elle devait être ? Mais si l'éducation romaine avait été empreinte d'un individualisme comparable au nôtre, la cité romaine n'aurait pu se maintenir ; la civilisation latine n'aurait pu se constituer ni, par suite, notre civilisation moderne, qui en est, pour partie, descendue. Les sociétés chrétiennes du moyen âge n'auraient pu vivre si elles avaient fait au libre examen la place que nous lui accordons aujourd'hui. Il y a donc là des nécessités inéluctables dont il est impossible de faire abstraction. A quoi peut servir d'imaginer une éducation qui serait mortelle pour la société qui la mettrait en pratique ?

Ce postulat si contestable tient lui-même à une erreur plus générale. Si l'on commence par se demander ainsi quelle doit être l'éducation idéale, abstraction faite de toute condition de temps et de lieu, c'est qu'on admet implicitement qu'un système éducatif n'a rien de réel par lui-même. On n'y voit pas un ensemble de pratiques et d'institutions qui se sont organisées lentement au cours du temps, qui sont solidaires de toutes les autres institutions sociales et qui les expriment, qui, par conséquent, ne peuvent pas plus être changées à volonté que la structure même de la société. Mais il semble que ce soit un pur système de concepts réalisés ; à ce titre, il paraît relever de la seule logique. On imagine que les hommes de chaque temps l'organisent volontairement pour réaliser une fin déterminée ; que, si cette organisation n'est pas partout la même, c'est que l'on s'est trompé sur la nature soit du but qu'il convient de poursuivre, soit des moyens qui permettent de l'atteindre. De ce point de vue, les éducations du passé apparaissent comme autant d'erreurs, totales ou partielles. Il n'y a donc pas à en tenir compte; nous n'avons pas à nous solidariser avec les fautes d'observation ou de logique qu'ont pu faire nos devanciers ; mais nous pouvons et nous devons nous poser le problème, sans nous occuper des solutions qui en ont été données, c'est-à-dire que, laissant de côté tout ce qui a été, nous n'avons qu'à nous demander ce qui doit être. Les enseignements de l'histoire peuvent tout au plus servir à nous épargner la récidive des erreurs qui ont été commises.

Mais, en fait, chaque société, considérée à un moment déterminé de son développement, a un système d'éducation qui s'impose aux individus avec une force généralement irrésistible. Il est vain de croire que nous pouvons élever nos enfants comme nous voulons. Il y a des coutumes auxquelles nous sommes tenus de nous conformer; si nous y dérogeons trop gravement, elles se vengent sur nos enfants. Ceux-ci, une fois adultes, ne se trouvent pas en état de vivre au milieu de leurs contemporains, avec lesquels ils ne sont pas en harmonie. Qu'ils aient été élevés d'après des idées ou trop archaïques ou trop prématurées, il n'importe; dans un cas comme dans l'autre, ils ne sont pas de leur temps et, par conséquent, ils ne sont pas dans des conditions de vie normale. Il y a donc, à chaque moment du temps, un type régulateur d'éducation dont nous ne pouvons pas nous écarter sans nous heurter à de vives résistances qui contiennent les velléités de dissidences.

Or, les coutumes et les idées qui déterminent ce type, ce n'est pas nous, individuellement, qui les avons faites. Elles sont le produit de la vie en commun et elles en expriment les nécessités. Elles sont même, en majeure partie, l'œuvre des générations antérieures. Tout le passé de l'humanité a contribué à faire cet ensemble de maximes qui dirigent l'éducation d'aujourd'hui; toute notre histoire y a laissé des traces et même l'histoire des peuples qui nous ont précédés. C'est ainsi que les organismes supérieurs portent en eux comme l'écho de toute l'évolution biologique dont ils sont l'aboutissement. Lorsqu'on étudie historiquement la manière dont se sont formés et développés les systèmes d'éducation, on s'aperçoit qu'ils dépendent de la religion, de l'organisation politique, du degré de développement des sciences, de l'état de l'industrie, etc. Si on les détache de toutes ces causes historiques, ils deviennent incompréhensibles. Comment, dès lors, l'individu peut-il prétendre à reconstruire, par le seul effort de sa réflexion privée, ce qui n'est pas une œuvre de la pensée individuelle? Il n'est pas en face d'une table rase sur laquelle il peut édifier ce qu'il veut, mais de réalités existantes qu'il ne peut ni créer, ni détruire, ni transformer à volonté.

Il ne peut agir sur elles que dans la mesure où il a appris à les connaître, où il sait quelle est leur nature et les conditions dont elles dépendent ; et il ne peut arriver à le savoir que s'il se met à leur école, que s'il commence par les observer, comme le physicien observe la matière brute et le biologiste les corps vivants.

Comment, d'ailleurs, procéder autrement ? Quand on veut déterminer par la seule dialectique ce que doit être l'éducation, il faut commencer par poser quelles fins elle doit avoir. Mais qu'est-ce qui nous permet de dire que l'éducation a telles fins plutôt que telles autres ? Nous ne savons pas *a priori* quelle est la fonction de la respiration ou de la circulation chez l'être vivant. Par quel privilège serions-nous mieux renseignés en ce qui concerne la fonction éducative ? On répondra que, de toute évidence, elle a pour objet d'élever les enfants. Mais c'est poser le problème dans des termes à peine différents ; ce n'est pas le résoudre. Il faudrait dire en quoi consiste cet élevage, à quoi il tend, à quelles nécessités humaines il répond. Or, on ne peut répondre à ces questions qu'en commençant par observer en quoi il a consisté, à quelles nécessités il a répondu dans le passé. Ainsi, ne serait-ce que pour constituer la notion préliminaire de l'éducation, pour déterminer la chose que l'on dénomme ainsi, l'observation historique apparaît comme indispensable.

2° *Définition de l'éducation.*

Pour définir l'éducation, il nous faut donc considérer les systèmes éducatifs qui existent ou qui ont existé, les rapprocher, dégager les caractères qui leur sont communs. La réunion de ces caractères constituera la définition que nous cherchons.

Nous avons déjà déterminé, chemin faisant, deux éléments. Pour qu'il y ait éducation, il faut qu'il y ait en présence une génération d'adultes et une génération de jeunes, et une action exercée par les premiers sur les seconds. Il nous reste à définir la nature de cette action.

Il n'est, pour ainsi dire, pas de société où le système d'éducation ne présente un double aspect : il est, à la fois, un et multiple.

Il est multiple. En effet, en un sens, on peut dire qu'il y a autant de sortes différentes d'éducation qu'il y a de milieux différents dans cette société. Celle-ci est-elle formée de castes? L'éducation varie d'une caste à l'autre; celle des patriciens n'était pas celle des plébéiens; celle du Brahmane n'était pas celle du Çudra. De même, au moyen âge, quel écart entre la culture que recevait le jeune page, instruit dans tous les arts de la chevalerie, et celle du vilain qui s'en allait apprendre à l'école de sa paroisse quelques maigres éléments de comput, de chant et de grammaire! Aujourd'hui encore, ne voyons-nous pas l'éducation varier avec les classes sociales, ou même avec les habitats? Celle de la

ville n'est pas celle de la campagne, celle du bourgeois n'est pas celle de l'ouvrier. On dira que cette
organisation n'est pas moralement justifiable, qu'on
ne peut y voir qu'une survivance destinée à disparaître? La thèse est aisée à défendre. Il est évident
que l'éducation de nos enfants ne devrait pas
dépendre du hasard qui les fait naître ici ou là, de
tels parents plutôt que de tels autres. Mais alors
même que la conscience morale de notre temps
aurait reçu sur ce point la satisfaction qu'elle
attend, l'éducation ne deviendrait pas pour cela
plus uniforme. Alors même que la carrière de
chaque enfant ne serait plus, en grande partie,
prédéterminée par une aveugle hérédité, la diversité
morale des professions ne laisserait pas d'entraîner
à sa suite une grande diversité pédagogique.
Chaque profession, en effet, constitue un milieu
sui generis qui réclame des aptitudes particulières
et des connaissances spéciales, où règnent certaines
idées, certains usages, de certaines manières de
voir les choses; et comme l'enfant doit être préparé
en vue de la fonction qu'il sera appelé à remplir,
l'éducation, à partir d'un certain âge, ne peut plus
rester la même pour tous les sujets auxquels elle
s'applique. C'est pourquoi nous la voyons, dans tous
les pays civilisés, qui tend de plus en plus à se
diversifier et à se spécialiser; et cette spécialisation
devient tous les jours plus précoce. L'hétérogénéité
qui se produit ainsi ne repose pas, comme celle
dont nous constations tout à l'heure l'existence,

sur d'injustes inégalités ; mais elle n'est pas moindre. Pour trouver une éducation absolument homogène et égalitaire, il faudrait remonter jusqu'aux sociétés préhistoriques au sein desquelles il n'existe aucune différenciation ; et encore ces sortes de sociétés ne représentent-elles guère qu'un moment logique dans l'histoire de l'humanité.

Mais, quelle que soit l'importance de ces éducations spéciales, elles ne sont pas toute l'éducation. On peut même dire qu'elles ne se suffisent pas à elles-mêmes ; partout où on les observe, elles ne divergent les unes des autres qu'à partir d'un certain point en deçà duquel elles se confondent. Elles reposent toutes sur une base commune. Il n'y a pas de peuple où il n'existe un certain nombre d'idées, de sentiments et de pratiques que l'éducation doit inculquer à tous les enfants indistinctement, à quelque catégorie sociale qu'ils appartiennent. Là même où la société est divisée en castes fermées les unes aux autres, il y a toujours une religion commune à tous, et, par suite, les principes de la culture religieuse, qui est alors fondamentale, sont les mêmes dans toute l'étendue de la population. Si chaque caste, chaque famille a ses dieux spéciaux, il y a des divinités générales qui sont reconnues de tout le monde et que tous les enfants apprennent à adorer. Et comme ces divinités incarnent et personnifient certains sentiments, certaines manières de concevoir le monde et la vie, on ne peut être initié à leur culte sans contracter, du même coup, toutes sortes d'habitudes mentales qui dépassent la sphère de la vie purement religieuse. De même, au moyen âge, serfs, vilains, bourgeois et nobles recevaient également une même éducation chrétienne. S'il en est ainsi de sociétés où la diversité intellectuelle et morale atteint ce degré de contraste, à combien plus forte raison en est-il de même des peuples plus avancés où les classes, tout en restant distinctes, sont pourtant séparées par un abîme moins profond ! Là où ces éléments communs de toute éducation ne s'expriment pas sous forme de symboles religieux, ils ne laissent pas cependant d'exister. Au cours de notre histoire, il s'est constitué tout un ensemble d'idées sur la nature humaine, sur l'importance respective de nos différentes facultés, sur le droit et sur le devoir, sur la société, sur l'individu, sur le progrès, sur la science, sur l'art, etc., qui sont à la base même de notre esprit national ; toute éducation, celle du riche comme celle du pauvre, celle qui conduit aux carrières libérales comme celle qui prépare aux fonctions industrielles, a pour objet de les fixer dans les consciences.

Il résulte de ces faits que chaque société se fait un certain idéal de l'homme, de ce qu'il doit être tant au point de vue intellectuel que physique et moral ; que cet idéal est, dans une certaine mesure, le même pour tous les citoyens ; qu'à partir d'un certain point il se différencie suivant les milieux particuliers que toute société comprend dans son sein. C'est cet idéal, à la fois un et divers, qui est le pôle de l'éducation. Elle a donc pour fonction de susciter chez l'enfant : 1° un certain nombre d'états physiques et mentaux que la société à laquelle il appartient considère comme ne devant être absents d'aucun de ses membres ; 2° certains états physiques et mentaux que le groupe social particulier (caste, classe, famille, profession) considère également comme devant se retrouver chez tous ceux qui le forment. Ainsi, c'est la société, dans son ensemble, et chaque milieu social particulier, qui déterminent cet idéal que l'éducation réalise. La société ne peut vivre que s'il existe entre ses membres une suffisante homogénéité : l'éducation perpétue et renforce cette homogénéité en fixant d'avance dans l'âme de l'enfant les similitudes essentielles que réclame la vie collective. Mais, d'un autre côté, sans une certaine diversité, toute coopération serait impossible : l'éducation assure la persistance de cette diversité nécessaire en se diversifiant elle-même et en se spécialisant. Si la société est arrivée à ce degré de développement où les anciennes divisions en castes et en classes ne peuvent plus se maintenir, elle prescrira une éducation plus une à sa base. Si, au même moment, le travail est plus divisé, elle provoquera chez les enfants, sur un premier fonds d'idées et de sentiments communs, une plus riche diversité d'aptitudes professionnelles. Si elle vit en état de guerre avec les sociétés ambiantes, elle s'efforce de former les esprits sur un modèle fortement national; si la concurrence internationale prend une forme plus pacifique, le type qu'elle cherche à réaliser est plus général et plus humain. L'éducation n'est donc pour elle que le moyen par lequel elle prépare dans le cœur des enfants les conditions essentielles de sa propre existence. Nous verrons plus loin comment l'individu lui-même a intérêt à se soumettre à ces exigences.

Nous arrivons donc à la formule suivante : *L'éducation est l'action exercée par les générations adultes sur celles qui ne sont pas encore mûres pour la vie sociale. Elle a pour objet de susciter et de développer chez l'enfant un certain nombre d'états physiques, intellectuels et moraux que réclament de lui et la société politique dans son ensemble et le milieu spécial auquel il est particulièrement destiné.*

3° Conséquence de la définition précédente : caractère social de l'éducation.

Il résulte de la définition qui précède que l'éducation consiste en une socialisation méthodique de la jeune génération. En chacun de nous, peut-on dire, il existe deux êtres qui, pour être inséparables autrement que par abstraction, ne laissent pas d'être distincts. L'un est fait de tous les états mentaux qui ne se rapportent qu'à nous-même et aux événements de notre vie personnelle : c'est ce qu'on pourrait appeler l'être individuel. L'autre est un système d'idées, de sentiments et d'habitudes qui expriment en nous, non pas notre personnalité, mais le groupe ou les groupes différents dont nous faisons partie ; telles sont les croyances religieuses, les croyances et les pratiques morales, les traditions nationales ou professionnelles, les opinions collectives de toute sorte. Leur ensemble forme l'être social. Constituer cet être en chacun de nous, telle est la fin de l'éducation.

C'est par là, d'ailleurs, que se montre le mieux l'importance de son rôle et la fécondité de son action. En effet, non seulement cet être social n'est pas donné tout fait dans la constitution primitive de l'homme ; mais il n'en est pas résulté par un développement spontané. Spontanément, l'homme n'était pas enclin à se soumettre à une autorité politique, à respecter une discipline morale, à se dévouer et à se sacrifier. Il n'y avait rien dans notre nature congénitale qui nous prédisposât nécessairement à devenir les serviteurs de divinités, emblèmes symboliques de la société, à leur rendre un culte, à nous priver pour leur faire honneur. C'est la société elle-même qui, à mesure qu'elle s'est formée et consolidée, a tiré de son propre sein ces grandes forces morales devant lesquelles l'homme a senti son infériorité. Or, si l'on fait abstraction des vagues et incertaines tendances qui peuvent être dues à l'hérédité, l'enfant, en entrant dans la vie, n'y apporte que sa nature d'individu. La société se trouve donc, à chaque génération nouvelle, en présence d'une table presque rase sur laquelle il lui faut construire à nouveaux frais. Il faut que, par les voies les plus rapides, à l'être égoïste et asocial qui vient de naître, elle en surajoute un autre, capable de mener une vie morale et sociale. Voilà quelle est l'œuvre de l'éducation, et l'on en aperçoit toute la grandeur. Elle ne se borne pas à développer l'organisme individuel dans le sens marqué par sa nature, à rendre apparentes des puissances cachées qui ne demandaient qu'à se révéler. Elle crée dans l'homme un être nouveau.

Cette vertu créatrice est, d'ailleurs, un privilège spécial de l'éducation humaine. Tout autre est celle que reçoivent les animaux, si l'on peut appeler de ce nom l'entraînement progressif auquel ils sont soumis de la part de leurs parents. Elle peut bien presser le développement de certains instincts qui sommeillent dans l'animal, mais elle ne l'initie pas à une vie nouvelle. Elle facilite le jeu des fonctions naturelles, mais elle ne crée rien. Instruit par sa mère, le petit sait plus vite voler ou faire son nid; mais il n'apprend presque rien qu'il n'eût pu découvrir par son expérience personnelle. C'est que les animaux ou vivent en dehors de tout état social ou forment des sociétés assez simples, qui fonctionnent grâce à des mécanismes instinctifs que chaque individu porte en soi, tout constitués, dès sa naissance. L'éducation ne peut donc rien ajouter d'essentiel à la nature, puisque celle-ci suffit à tout, à la vie du groupe comme à celle de l'individu. Au con-

traire, chez l'homme, les aptitudes de toute sorte
que suppose la vie sociale sont beaucoup trop complexes pour pouvoir s'incarner, en quelque sorte,
dans nos tissus et se matérialiser sous la forme de
prédispositions organiques. Il s'ensuit qu'elles ne
peuvent se transmettre d'une génération à l'autre
par la voie de l'hérédité. C'est par l'éducation que
se fait la transmission.

Cependant, dira-t-on, si l'on peut concevoir, en
effet, que les qualités proprement morales, parce
qu'elles imposent à l'individu des privations, parce
qu'elles gênent ses mouvements naturels, ne peuvent
être suscitées en nous que sous une action venue du
dehors, n'y en a-t-il pas d'autres que tout homme
est intéressé à acquérir et recherche spontanément?
Telles sont les qualités diverses de l'intelligence qui
lui permettent de mieux approprier sa conduite à
la nature des choses. Telles sont aussi les qualités
physiques, et tout ce qui contribue à la vigueur et
à la santé de l'organisme. Pour celles-là, tout au
moins, il semble que l'éducation, en les développant, ne fasse qu'aller au-devant du développement
même de la nature, que mener l'individu à un état
de perfection relative vers laquelle il tend de lui-
même, bien qu'il puisse y atteindre plus rapidement
grâce au concours de la société.

Mais ce qui montre bien, malgré les apparences,
qu'ici comme ailleurs l'éducation répond avant tout
à des nécessités sociales, c'est qu'il est des sociétés
où ces qualités n'ont pas été cultivées du tout, et

qu'en tout cas elles ont été entendues très différemment selon les sociétés. Il s'en faut que les avantages d'une solide culture intellectuelle aient été reconnus par tous les peuples. La science, l'esprit critique, que nous mettons aujourd'hui si haut, ont été pendant longtemps tenus en suspicion. Ne connaissons-nous pas une grande doctrine qui proclame heureux les pauvres d'esprit? Il faut se garder de croire que cette indifférence pour le savoir ait été artificiellement imposée aux hommes en violation de leur nature. Ils n'ont pas par eux-mêmes l'appétit instinctif de science qu'on leur a souvent et arbitrairement prêté. Ils ne désirent la science que dans la mesure où l'expérience leur a appris qu'ils ne peuvent pas s'en passer. Or, pour ce qui concerne l'aménagement de leur vie individuelle, ils n'en avaient que faire. Comme le disait déjà Rousseau, pour satisfaire les nécessités vitales, la sensation, l'expérience et l'instinct pouvaient suffire comme ils suffisent à l'animal. Si l'homme n'avait connu d'autres besoins que ceux, très simples, qui ont leurs racines dans sa constitution individuelle, il ne se serait pas mis en quête de la science, d'autant plus qu'elle n'a pas été acquise sans laborieux et douloureux efforts. Il n'a connu la soif du savoir que quand la société l'a éveillée en lui, et la société ne l'a éveillée que quand elle-même en a senti le besoin. Ce moment arriva quand la vie sociale, sous toutes ses formes, fut devenue trop complexe pour pouvoir fonctionner autrement que grâce au concours de la pensée réfléchie, c'est-à-dire de la pensée éclairée par la science. Alors la culture scientifique devint indispensable, et c'est pourquoi la société la réclame de ses membres et la leur impose comme un devoir. Mais, à l'origine, tant que l'organisation sociale est très simple, très peu variée, toujours égale à elle-même, l'aveugle tradition suffit, comme l'instinct à l'animal. Dès lors, la pensée et le libre examen sont inutiles et même dangereux, puisqu'ils ne peuvent que menacer la tradition. C'est pourquoi ils sont proscrits.

Il n'en est pas autrement des qualités physiques. Que l'état du milieu social incline la conscience publique vers l'ascétisme, et l'éducation physique sera rejetée au second plan. C'est un peu ce qui s'est produit dans les écoles du moyen âge ; et cet ascétisme était nécessaire, car la seule manière de s'adapter à la rudesse de ces temps difficiles était de l'aimer. De même, suivant le courant de l'opinion, cette même éducation sera entendue dans les sens les plus différents. A Sparte, elle avait surtout pour objet d'endurcir les membres à la fatigue ; à Athènes, elle était un moyen de faire des corps beaux à la vue ; au temps de la chevalerie, on lui demandait de former des guerriers agiles et souples ; de nos jours, elle n'a plus qu'un but hygiénique, et se préoccupe surtout de contenir les dangereux effets d'une culture intellectuelle trop intense. Ainsi, même les qualités qui paraissent, au premier abord, si spontanément désirables, l'individu ne les recherche que quand la société l'y invite, et il les recherche de la façon qu'elle lui prescrit.

Nous sommes ainsi en mesure de répondre à une question que soulevait tout ce qui précède. Tandis que nous montrions la société façonnant, suivant ses besoins, les individus, il pouvait sembler que ceux-ci subissaient de ce fait une insupportable tyrannie. Mais, en réalité, ils sont eux-mêmes intéressés à cette soumission ; car l'être nouveau que l'action collective, par la voie de l'éducation, édifie ainsi en chacun de nous, représente ce qu'il y a de meilleur en nous, ce qu'il y a en nous de proprement humain. L'homme, en effet, n'est un homme que parce qu'il vit en société. Il est difficile, au cours d'un article, de démontrer avec rigueur une proposition aussi générale et aussi importante, et qui résume les travaux de la sociologie contemporaine. Mais, d'abord, on peut dire qu'elle est de moins en moins contestée. De plus, il n'est pas impossible de rappeler sommairement les faits les plus essentiels qui la justifient.

Tout d'abord, s'il est aujourd'hui un fait historiquement établi, c'est que la morale est étroitement en rapports avec la nature des sociétés, puisque, comme nous l'avons montré chemin faisant, elle change quand les sociétés changent. C'est donc qu'elle résulte de la vie en commun. C'est la société, en effet, qui nous tire hors de nous-même, qui nous oblige à compter avec d'autres intérêts que les nôtres, c'est elle qui nous a appris à dominer nos passions, nos instincts, à leur faire la loi, à nous gêner, à nous priver, à nous sacrifier, à subordonner nos fins personnelles à des fins plus hautes. Tout le système de représentation qui entretient en nous l'idée et le sentiment de la règle, de la discipline, tant interne qu'externe, c'est la société qui l'a institué dans nos consciences. C'est ainsi que nous avons acquis cette puissance de nous résister à nous-même, cette maîtrise sur nos penchants qui est un des traits distinctifs de la physionomie humaine et qui est d'autant plus développée que nous sommes plus pleinement des hommes.

Nous ne devons pas moins à la société au point de vue intellectuel. C'est la science qui élabore les notions cardinales qui dominent notre pensée : notions de cause, de lois, d'espace, de nombre, notions des corps, de la vie, de la conscience, de la société, etc. Toutes ces idées fondamentales sont perpétuellement en évolution : c'est qu'elles sont le résumé, la résultante de tout le travail scientifique, loin qu'elles en soient le point de départ comme le croyait Pestalozzi. Nous ne nous représentons pas l'homme, la nature, les causes, l'espace même, comme on se les représentait au moyen âge ; c'est que nos connaissances et nos méthodes scientifiques ne sont plus les mêmes. Or la science est une œuvre collective, puisqu'elle suppose une vaste coopération de tous les savants non seulement d'un même temps, mais de toutes les époques successives de l'histoire. — Avant que les sciences ne fussent constituées, la religion remplissait le même office ; car toute mythologie consiste en une représentation, déjà très élaborée, de l'homme et de l'univers. La science, d'ailleurs, a été l'héritière de la religion. Or une religion est une institution sociale. — En apprenant une langue, nous apprenons tout un système d'idées, distinguées et classées, et nous héritons de tout le travail d'où sont sorties ces classifications qui résument des siècles d'expériences. Il y a plus : sans le langage, nous n'aurions pour ainsi dire pas d'idées générales ; car c'est le mot qui, en les fixant, donne aux concepts une consistance suffisante pour qu'ils puissent être maniés commodément par l'esprit. C'est donc le langage qui nous a permis de nous élever au-dessus de la pure sensation ; et il n'est pas nécessaire de démontrer que le langage est, au premier chef, une chose sociale.

On voit par ces quelques exemples à quoi se réduirait l'homme, si l'on en retirait tout ce qu'il tient de la société : il tomberait au rang de l'animal. S'il a pu dépasser le stade auquel les animaux se sont arrêtés, c'est d'abord qu'il n'est pas réduit au seul fruit de ses efforts personnels, mais coopère régulièrement avec ses semblables ; ce qui renforce le rendement de l'activité de chacun. C'est ensuite et surtout que les produits du travail d'une génération ne sont pas perdus pour celle qui suit. De ce qu'un animal a pu apprendre au cours de son existence individuelle, presque rien ne peut lui survivre. Au contraire, les résultats de l'expérience humaine se conservent presque intégralement et jusque dans le détail, grâce aux livres, aux monuments figurés, aux outils, aux instruments de toute sorte qui se transmettent de génération en génération, à la tradition orale, etc. Le sol de la nature se recouvre ainsi d'une riche alluvion qui va sans cesse en croissant. Au lieu de se dissiper toutes les fois qu'une génération s'éteint et est remplacée par une autre, la sagesse humaine s'accumule sans terme, et c'est cette accumulation indéfinie qui élève l'homme au-dessus de la bête et au-dessus de lui-même. Mais, tout comme la coopération dont il était d'abord question, cette accumulation n'est possible que dans et par la société. Car, pour que le legs de chaque génération puisse être conservé et ajouté aux autres, il faut qu'il y ait une personnalité morale qui dure par-dessus les générations qui passent, qui les relie les unes aux autres : c'est la société. Ainsi, l'antagonisme que l'on a trop souvent admis entre la société et l'individu ne correspond à rien dans les faits. Bien loin que ces deux termes s'opposent et ne puissent se développer qu'en sens inverse l'un de l'autre, ils s'impliquent. L'individu, en voulant la société, se veut lui-même. L'action qu'elle exerce sur lui, par la voie de l'éducation notamment, n'a nullement pour objet et pour effet de le comprimer, de le diminuer, de le dénaturer, mais, au contraire, de le grandir et d'en faire un être vraiment humain. Sans doute il ne peut se grandir ainsi qu'en faisant effort. Mais c'est que précisément le pouvoir de faire volontairement effort est une des caractéristiques les plus essentielles de l'homme.

4° *Le rôle de l'État en matière d'éducation.*

Cette définition de l'éducation permet de résoudre aisément la question, si controversée, des devoirs et des droits de l'État en matière d'éducation.

On leur oppose les droits de la famille. L'enfant, dit-on, est d'abord à ses parents : c'est donc à eux qu'il appartient de diriger, comme ils l'entendent, son développement intellectuel et moral. L'éducation est alors conçue comme une chose essentiellement privée et domestique. Quand on se place à ce point de vue, on tend naturellement à réduire au minimum possible l'intervention de l'État en la matière. Il devrait, dit-on, se borner à servir d'auxiliaire et de substitut aux familles. Quand elles sont hors d'état de s'acquitter de leurs devoirs, il est naturel qu'il s'en charge. Il est naturel même qu'il leur rende la tâche le plus facile possible, en mettant à leur disposition des écoles où elles puissent, si elles le veulent, envoyer leurs enfants. Mais il doit se renfermer strictement dans ces limites, et s'interdire toute action positive destinée à imprimer une orientation déterminée à l'esprit de la jeunesse.

Mais il s'en faut que son rôle doive rester aussi négatif. Si, comme nous avons essayé de l'établir, l'éducation a, avant tout, une fonction collective, si elle a pour objet d'adapter l'enfant au milieu social où il est destiné à vivre, il est impossible que la société se désintéresse d'une telle opération. Comment pourrait-elle en être absente, puisqu'elle est le point de repère d'après lequel l'éducation doit diriger son action ? C'est donc à elle qu'il appartient de rappeler sans cesse au maître quelles sont les idées, les sentiments qu'il faut imprimer à l'enfant pour le mettre en harmonie avec le milieu dans lequel il doit vivre. Si elle n'était pas toujours présente et vigilante pour obliger l'action pédagogique à s'exercer dans un sens social, celle-ci se mettrait nécessairement au service de croyances particulières, et la grande âme de la patrie se diviserait et se résoudrait en une multitude incohérente de petites âmes fragmentaires en conflit les unes avec les autres. On ne peut pas aller plus complètement contre le but fondamental de toute éducation. Il faut choisir : si l'on attache quelque prix à l'existence de la société, — et nous venons de voir ce qu'elle est pour nous, — il faut que l'éducation assure entre les citoyens une suffisante communauté d'idées et de sentiments sans laquelle toute société est impossible ; et pour qu'elle puisse produire ce résultat, encore faut-il qu'elle ne soit pas abandonnée totalement à l'arbitraire des particuliers.

Du moment que l'éducation est une fonction essentiellement sociale, l'État ne peut s'en désintéresser. Au contraire, tout ce qui est éducation doit être, en quelque mesure, soumis à son action. Ce n'est pas à dire pour cela qu'il doive nécessairement monopoliser l'enseignement. La question est trop complexe pour qu'il soit possible de la traiter ainsi en passant : nous entendons la réserver. On peut croire que les progrès scolaires sont plus faciles et plus prompts là où une certaine marge est laissée aux initiatives individuelles ; car l'individu est plus volontiers novateur que l'État. Mais de ce que l'État doive, dans l'intérêt public, laisser s'ouvrir d'autres écoles que celles dont il a plus directement la responsabilité, il ne suit pas qu'il doive rester étranger à ce qui s'y passe. Au contraire, l'éducation qui s'y donne doit y rester soumise à son contrôle. Il n'est même pas admissible que la fonction d'éducateur puisse être remplie par quelqu'un qui ne présente pas des garanties spéciales dont l'État seul peut être juge. Sans doute, les limites dans lesquelles doit se renfermer son intervention peuvent être assez malaisées à déterminer une fois pour toutes, mais le principe de l'intervention ne saurait être contesté. Il n'y a pas d'école qui puisse réclamer le droit de donner, en toute liberté, une éducation anti-sociale.

Il est toutefois nécessaire de reconnaître que l'état de division où sont actuellement les esprits, dans notre pays, rend ce devoir de l'État particulièrement délicat, en même temps, d'ailleurs, que plus important. Il n'appartient pas, en effet, à l'État de créer cette communauté d'idées et de sentiments sans laquelle il n'y a pas de société ; elle doit se constituer d'elle-même, et il ne peut que la consacrer, la maintenir, la rendre plus consciente aux particuliers.

Or, il est malheureusement incontestable que, chez nous, cette unité morale n'est pas, sur tous les points, ce qu'il faudrait qu'elle fût. Nous sommes partagés entre des conceptions divergentes et même parfois contradictoires. Il y a dans ces divergences un fait qu'il est impossible de nier et dont il faut tenir compte. Il ne saurait être question de reconnaître à la majorité le droit d'imposer ses idées aux enfants de la minorité. L'école ne saurait être la chose d'un parti, et le maître manque à ses devoirs quand il use de l'autorité dont il dispose pour entraîner ses élèves dans l'ornière de ses partis-pris personnels, si justifiés qu'ils puissent lui paraître. Mais, en dépit de toutes les dissidences, il y a dès à présent, à la base de notre civilisation, un certain nombre de principes qui, implicitement ou explicitement, sont communs à tous, que bien peu, en tous cas, osent nier ouvertement et en face : respect de la raison, de la science, des idées et des sentiments qui sont à la base de la morale démocratique. Le rôle de l'Etat est de dégager ces principes essentiels, de les faire enseigner dans ses écoles, de veiller à ce que nulle part on ne les laisse ignorés des enfants, à ce que partout il en soit parlé avec le respect qui leur est dû. Il y a, sous ce rapport, une action à exercer qui sera peut-être d'autant plus efficace qu'elle sera moins agressive et moins violente et qu'elle saura mieux se contenir dans de sages limites.

5° *Pouvoir de l'éducation. Les moyens d'action.*

Après avoir déterminé le but de l'éducation, il nous faut chercher à déterminer comment et dans quelle mesure il est possible d'atteindre ce but, c'est-à-dire comment et dans quelle mesure l'éducation peut être efficace.

La question a été, de tout temps, très controversée. Pour Fontenelle, « ni la bonne éducation ne fait le bon caractère, ni la mauvaise ne le détruit ». Au contraire, pour Locke, pour Helvétius, l'éducation est toute-puissante. D'après ce dernier, « tous les hommes naissent égaux et avec des aptitudes égales ; l'éducation seule fait les différences ». La théorie de Jacotot se rapproche de la précédente. — La solution que l'on donne au problème dépend de l'idée qu'on se fait de l'importance et de la nature des prédispositions innées, d'une part, et, de l'autre, de la puissance des moyens d'action dont dispose l'éducateur.

L'éducation ne fait pas l'homme de rien, comme le croyaient Locke et Helvétius ; elle s'applique à des dispositions qu'elle trouve toutes faites. D'un autre côté, on peut concéder d'une manière générale que ces tendances congénitales sont très fortes, très difficiles à détruire ou à transformer radicalement ; car elles dépendent de conditions organiques sur lesquelles l'éducateur a peu de prise. Par conséquent, dans la mesure où elles ont un objet défini, où elles inclinent l'esprit et le caractère à des

manières d'agir et de penser étroitement déterminées, tout l'avenir de l'individu se trouve fixé par
avance, et il ne reste pas beaucoup à faire à l'éducation.

Mais heureusement, une des caractéristiques de
l'homme, c'est que les prédispositions innées sont
chez lui très générales et très vagues. En effet, le
type de la prédisposition arrêtée, rigide, invariable,
qui ne laisse guère de place à l'action des causes
extérieures, c'est l'instinct. Or, on peut se demander s'il existe chez l'homme un seul instinct proprement dit. On parle quelquefois de l'instinct de con-
servation ; mais l'expression est impropre. Car un
instinct c'est un système de mouvements déterminés,
toujours les mêmes, qui, une fois qu'ils sont déclan-
chés par la sensation, s'enchaînent automatique-
ment les uns aux autres jusqu'à ce qu'ils arrivent à
leur terme naturel, sans que la réflexion ait nulle
part à intervenir ; or, les mouvements que nous faisons quand notre vie est en danger n'ont nullement cette détermination et cette invariabilité auto-
matique. Ils changent suivant les situations ; nous
les approprions aux circonstances : c'est donc qu'ils
ne vont pas sans un certain choix conscient, quoique rapide. Ce qu'on nomme instinct de conser-
vation n'est, en définitive, qu'une impulsion générale à fuir la mort, sans que les moyens par lesquels nous cherchons à l'éviter soient prédéterminés
une fois pour toutes. On en peut dire autant de ce
qu'on appelle parfois, non moins inexactement, l'in-

stinct maternel, l'instinct paternel, et même l'instinct sexuel. Ce sont des poussées dans une direction ; mais les moyens par lesquels ces poussées s'actualisent changent d'un individu à l'autre, d'une occasion à l'autre. Une large place reste donc réservée aux tâtonnements, aux accommodations personnelles, et, par conséquent, à l'action de causes qui ne peuvent faire sentir leur influence qu'après la naissance. Or, l'éducation est une de ces causes.

On a prétendu, il est vrai, que l'enfant héritait parfois d'une tendance très forte vers un acte défini, comme le suicide, le vol, le meurtre, la fraude, etc. Mais ces assertions ne sont nullement d'accord avec les faits. Quoi qu'on en ait dit, on ne naît pas criminel ; encore moins est-on voué, dès la naissance, à tel ou tel genre de crime ; le paradoxe des criminologistes italiens ne compte plus aujourd'hui beaucoup de défenseurs. Ce qui est hérité, c'est un certain manque d'équilibre mental, qui rend l'individu plus réfractaire à une conduite suivie et disciplinée. Mais un tel tempérament ne prédestine pas plus un homme à être un criminel qu'un explorateur amoureux d'aventures, un prophète, un novateur politique, un inventeur, etc. On en peut dire autant de toutes les aptitudes professionnelles. Comme le remarque Bain, « le fils d'un grand philologue n'hérite pas d'un seul vocable ; le fils d'un grand voyageur peut, à l'école, être surpassé en géographie par le fils d'un mineur ». Ce que l'enfant reçoit de ses parents, ce sont des facultés très générales ; c'est quelque force d'attention, une certaine dose de persévérance, un jugement sain, de l'imagination, etc. Mais chacune de ces facultés peut servir à toute sorte de fins différentes. Un enfant doué d'une assez vive imagination pourra, selon les circonstances, selon les influences qui se feront sentir sur lui, devenir un peintre ou un poète, ou un ingénieur à l'esprit inventif, ou un hardi financier. L'écart est donc considérable entre les qualités naturelles et la forme spéciale qu'elles doivent prendre pour être utilisées dans la vie. C'est dire que l'avenir n'est pas étroitement prédéterminé par notre constitution congénitale. La raison en est facile à comprendre. Les seules formes d'activité qui puissent se transmettre héréditairement sont celles qui se répètent toujours d'une manière assez identique pour pouvoir se fixer sous une forme rigide dans les tissus de l'organisme. Or la vie humaine dépend de conditions multiples, complexes, et, par conséquent, changeantes ; il faut donc qu'elle-même change et se modifie sans cesse. Par suite, il est impossible qu'elle se cristallise sous une forme définie et définitive. Mais seules des dispositions très générales, très vagues, exprimant les caractères communs à toutes les expériences particulières, peuvent survivre et passer d'une génération à l'autre.

Dire que les caractères innés sont, pour la plupart, très généraux, c'est dire qu'ils sont très malléables, très souples, puisqu'ils peuvent recevoir des déterminations très différentes. Entre les virtualités indécises qui constituent l'homme au moment où il vient de naître, et le personnage très défini qu'il doit devenir pour jouer dans la société un rôle utile, la distance est donc considérable. C'est cette distance que l'éducation doit faire parcourir à l'enfant. On voit qu'un vaste champ est ouvert à son action.

Mais, pour exercer cette action, a-t-elle des moyens d'une suffisante énergie?

Pour donner une idée de ce qui constitue l'action éducative et en montrer la puissance, un psychologue contemporain, Guyau, l'a comparé à la suggestion hypnotique; et le rapprochement n'est pas sans fondement.

La suggestion hypnotique suppose, en effet, les deux conditions suivantes: 1º L'état où se trouve le sujet hypnotisé se caractérise par son exceptionnelle passivité. L'esprit est presque réduit à l'état de table rase; une sorte de vide a été réalisé dans la conscience; la volonté est comme paralysée. Par suite, l'idée suggérée, ne rencontrant point d'idée contraire, peut s'installer avec un minimum de résistance; 2º Cependant, comme le vide n'est jamais complet, il faut de plus que l'idée tienne de la suggestion elle-même une puissance d'action particulière. Pour cela, il est nécessaire que le magnétiseur parle sur un ton de commandement, avec autorité. Il faut qu'il dise : *Je veux* ; qu'il indique que le refus d'obéir n'est même pas concevable, que l'acte doit être accompli, que la chose doit être vue telle qu'il la montre, qu'il ne peut en être autrement. S'il faiblit, on voit le sujet hésiter, résister, parfois même se refuser à obéir. Si seulement il entre en discussion, c'en est fait de son pouvoir. Plus la suggestion va contre le tempérament naturel de l'hypnotisé, plus le ton impératif sera indispensable.

Or ces deux conditions se trouvent réalisées dans les rapports que soutient l'éducateur avec l'enfant soumis à son action : 1º L'enfant est naturellement dans un état de passivité tout à fait comparable à celui où l'hypnotisé se trouve artificiellement placé. Sa conscience ne contient encore qu'un petit nombre de représentations capables de lutter contre celles qui lui sont suggérées ; sa volonté est encore rudimentaire. Aussi est-il très facilement suggestionnable. Pour la même raison, il est très accessible à la contagion de l'exemple, très enclin à l'imitation ; 2º L'ascendant que le maître a naturellement sur son élève, par suite de la supériorité de son expérience et de sa culture, donnera naturellement à son action la puissance efficace qui lui est nécessaire.

Ce rapprochement montre combien il s'en faut que l'éducateur soit désarmé; car on sait toute la puissance de la suggestion hypnotique. Si donc l'action éducative a, même à un moindre degré, une efficacité analogue, il est permis d'en attendre beaucoup pourvu qu'on sache s'en servir. Bien loin que nous devions nous décourager de notre impuissance, nous avons plutôt lieu d'être effrayés par l'étendue de notre pouvoir. Si maîtres et parents sentaient, d'une manière plus constante, que rien ne peut se passer devant l'enfant qui ne laisse en lui quelque trace, que la tournure de son esprit et de son caractère dépend de ces milliers de petites actions insensibles qui se produisent à chaque instant et auxquelles nous ne faisons pas attention à cause de leur insignifiance apparente, comme ils surveilleraient davantage leur langage et leur conduite ! Assurément, l'éducation ne peut arriver à de grands résultats quand elle procède par à-coups brusques et intermittents. Comme le dit Herbart, ce n'est pas en admonestant l'enfant avec véhémence de loin en loin que l'on peut agir fortement sur lui. Mais quand l'éducation est patiente et continue, quand elle ne recherche pas les succès immédiats et apparents, mais se poursuit avec lenteur dans un sens bien déterminé, sans se laisser détourner par les incidents extérieurs et les circonstances adventices, elle dispose de tous les moyens nécessaires pour marquer profondément les âmes.

En même temps on voit quel est le ressort essentiel de l'action éducative. Ce qui fait l'influence du magnétiseur, c'est l'autorité qu'il tient des circonstances. Par analogie déjà, on peut dire que l'éducation doit être essentiellement chose d'autorité. Cette importante proposition peut, d'ailleurs, être établie directement. En effet, nous avons vu que l'éducation a pour objet de superposer, à l'être individuel et asocial que nous sommes en naissant, un être entièrement nouveau. Elle doit nous amener à dépasser notre nature initiale : c'est à cette condition que l'enfant deviendra un homme. Or, nous ne pouvons nous élever au-dessus de nous-même que par un effort plus ou moins pénible. Rien n'est faux et décevant comme la conception épicurienne de l'éducation, la conception d'un Montaigne, par exemple, d'après laquelle l'homme peut se former en se jouant et sans autre aiguillon que l'attrait du plaisir. Si la vie n'a rien de sombre et s'il est criminel de l'assombrir artificiellement sous le regard de l'enfant, elle est cependant sérieuse et grave, et l'éducation, qui prépare à la vie, doit participer de cette gravité. Pour apprendre à contenir son égoïsme naturel, à se subordonner à des fins plus hautes, à soumettre ses désirs à l'empire de sa volonté, à les renfermer dans de justes bornes, il faut que l'enfant exerce sur lui-même une forte contention. Or, nous ne nous contraignons, nous ne nous faisons violence que pour l'une ou l'autre des deux raisons suivantes : c'est parce qu'il le faut d'une nécessité physique, ou parce que nous le devons moralement. Mais l'enfant ne peut pas sentir la nécessité qui nous impose physiquement ces efforts, car il n'est pas immédiatement en contact avec les dures réalités de la vie qui rendent cette attitude indispensable. Il n'est pas encore engagé dans la lutte ; quoi qu'en ait dit Spencer, nous ne pouvons pas le laisser exposé aux trop rudes réactions des choses. Il faut déjà qu'il soit, en grande partie, formé quand il les abordera pour de bon. Ce n'est donc pas sur leur pression que l'on peut compter pour le déterminer à tendre sa volonté et à acquérir sur lui-même la maîtrise nécessaire.

Reste le devoir. Le sentiment du devoir, voilà, en effet, quel est, pour l'enfant et même pour l'adulte, le stimulant par excellence de l'effort. L'amour-propre lui-même le suppose. Car, pour être sensible, comme il convient, aux punitions et aux récompenses, il faut déjà avoir conscience de sa dignité et, par conséquent, de son devoir. Mais l'enfant ne peut connaître le devoir que par ses maîtres ou ses parents ; il ne peut savoir ce que c'est que par la manière dont ils le lui révèlent, par leur langage et par leur conduite. Il faut donc qu'ils soient, pour lui, le devoir incarné et personnifié. C'est dire que l'autorité morale est la qualité maîtresse de l'éducateur. Car c'est par l'autorité qui est en lui que le devoir est le devoir. Ce qu'il a de tout à fait *sui generis*, c'est le ton impératif dont il parle aux consciences, le respect qu'il inspire aux volontés et qui les fait s'incliner dès qu'il a prononcé. Par suite, il est indispensable qu'une impression du même genre se dégage de la personne du maître.

Il n'est pas nécessaire de montrer que l'autorité ainsi entendue n'a rien de violent ni de compressif : elle consiste tout entière dans un certain ascendant moral. Elle suppose réalisées chez le maître deux conditions principales. Il faut d'abord qu'il ait de la volonté. Car l'autorité implique la confiance, et l'enfant ne peut donner sa confiance à quelqu'un qu'il voit hésiter, tergiverser, revenir sur ses décisions. Mais cette première condition n'est pas la plus essentielle. Ce qui importe avant tout, c'est que l'autorité dont il doit donner le sentiment, le maître la sente réellement en lui. Elle constitue une force qu'il ne peut manifester que s'il la possède effectivement. Or d'où peut-elle lui venir ? Serait-ce du pouvoir matériel dont il est armé, du droit qu'il a de punir et de récompenser ? Mais la crainte du châtiment est tout autre chose que le respect de l'autorité. Elle n'a de valeur morale que si le châtiment est reconnu comme juste par celui-là même qui le subit : ce qui implique que l'autorité qui punit est déjà reconnue comme légitime. Ce qui est en question. Ce n'est pas du dehors que le maître peut tenir son autorité, c'est de lui-même ; elle ne peut lui venir que d'une foi intérieure. Il faut qu'il croie, non en lui, sans doute, non aux qualités supérieures de son intelligence ou de son cœur, mais à sa tâche et à la grandeur de sa tâche. Ce qui fait l'autorité dont se colore si aisément la parole du prêtre, c'est la haute idée qu'il a de sa mission ; car il parle au nom d'un dieu dont il se croit, dont il se sent plus proche que la foule des profanes. Le maître laïc peut et doit avoir quelque chose de ce sentiment. Lui aussi, il est l'organe d'une grande personne morale qui le dépasse : c'est la société. De même que le prêtre est l'interprète de son dieu, lui, il est l'interprète des grandes idées morales de son temps et de son pays. Qu'il soit attaché à ces idées, qu'il en sente toute la grandeur, et l'autorité qui est en elles et dont il a conscience ne peut manquer de se communiquer à sa personne et à tout ce qui en émane. Dans une autorité qui découle d'une source aussi impersonnelle, il ne saurait entrer ni orgueil, ni vanité, ni pédanterie. Elle est faite tout entière du respect qu'il a de ses fonctions et, si l'on peut ainsi parler, de son ministère. C'est ce respect qui, par le canal de la parole, du geste, passe de sa conscience dans la conscience de l'enfant.

On a quelquefois opposé la liberté et l'autorité, comme si ces deux facteurs de l'éducation se contredisaient et se limitaient l'un l'autre. Mais cette opposition est factice. En réalité, ces deux termes s'impliquent loin de s'exclure. La liberté est fille de l'autorité bien entendue. Car être libre, ce n'est pas faire ce qui plaît ; c'est être maître de soi, c'est savoir agir par raison et faire son devoir. Or c'est justement à doter l'enfant de cette maîtrise de soi que l'autorité du maître doit être employée. L'autorité du maître n'est qu'un aspect de l'autorité du devoir et de la raison. L'enfant doit donc être exercé à la reconnaître dans la parole de l'éducateur et à en subir l'ascendant ; c'est à cette condition qu'il saura plus tard la retrouver dans sa conscience et y déférer.

II

NATURE ET MÉTHODE DE LA PÉDAGOGIE

On a souvent confondu les deux mots d'éducation et de pédagogie, qui demandent pourtant à être soigneusement distingués.

L'éducation, c'est l'action exercée sur les enfants par les parents et les maîtres. Cette action est de tous les instants, et elle est générale. Il n'y a pas de période dans la vie sociale, il n'y a même, pour ainsi dire, pas de moment dans la journée où les jeunes générations ne soient pas en contact avec leurs aînés, et où, par suite, elles ne reçoivent de ces derniers l'influence éducatrice. Car cette influence ne se fait pas seulement sentir aux instants très courts où parents ou maîtres communiquent consciemment, et par la voie d'un enseignement proprement dit, les résultats de leur expérience à ceux qui viennent après eux. Il y a une éducation inconsciente qui ne cesse jamais. Par notre exemple, par les paroles que nous prononçons, par les actes que nous accomplissons, nous façonnons d'une manière continue l'âme de nos enfants.

Il en est tout autrement de la pédagogie. Celle-ci consiste, non en actions, mais en théories. Ces théories sont des manières de concevoir l'éducation, non des manières de la pratiquer. Parfois elles se distinguent des pratiques en usage au point de s'y opposer. La pédagogie de Rabelais, celle de Rousseau ou de Pestalozzi, sont en opposition avec l'éducation de leur temps. L'éducation n'est donc que la matière de la pédagogie. Celle-ci consiste dans une certaine manière de réfléchir aux choses de l'éducation.

C'est ce qui fait que la pédagogie, au moins dans le passé, est intermittente, tandis que l'éducation est continue. Il y a des peuples qui n'ont pas eu de pédagogie proprement dite; elle n'apparaît même qu'à une époque relativement avancée de l'histoire. On ne la rencontre en Grèce qu'après l'époque de Périclès, avec Platon, Xénophon, Aristote. C'est à peine si elle a existé à Rome. Dans les sociétés chrétiennes, ce n'est guère qu'au seizième siècle qu'elle produit des œuvres importantes; et l'essor qu'elle prit alors se ralentit au siècle suivant, pour ne reprendre toute sa vigueur qu'au cours du dix-huitième siècle. C'est que l'homme ne réfléchit pas toujours, mais seulement quand il est nécessité à réfléchir, et que les conditions de la réflexion ne sont pas toujours et partout données.

Ceci posé, il nous faut rechercher quels sont les caractères de la réflexion pédagogique et de ses produits. Faut-il y voir des doctrines proprement scientifiques et doit-on dire de la pédagogie qu'elle est une science, la science de l'éducation? Ou convient-il de lui donner un autre nom, et lequel? La nature de la méthode pédagogique sera entendue très différemment, suivant la réponse qu'on donnera à cette question.

I. Que les choses de l'éducation, considérées d'un certain point de vue, puissent être l'objet d'une discipline qui présente tous les caractères des autres disciplines scientifiques, c'est, tout d'abord, ce q i'il est facile de démontrer.

En effet, pour qu'on puisse appeler science un ensemble d'études, il faut et il suffit qu'elles présentent les caractères suivants :

1° Il faut qu'elles portent sur des faits acquis, réalisés, donnés à l'observation. Une science, en effet, se définit par son objet; elle suppose par conséquent que cet objet existe, qu'on peut le désigner du doigt, en quelque sorte, marquer la place qu'il occupe dans l'ensemble de la réalité ;

2° Il faut que ces faits présentent entre eux une homogénéité suffisante pour pouvoir être classés dans une même catégorie. S'ils étaient irréductibles les uns aux autres, il y aurait, non pas une science, mais autant de sciences différentes que d'espèces distinctes de choses à étudier. Il arrive bien souvent aux sciences en train de naître et de se constituer d'embrasser assez confusément une pluralité d'objets différents ; c'est le cas, par exemple, de la géographie, de l'anthropologie, etc. Mais ce n'est jamais là qu'une phase transitoire dans le développement des sciences ;

3º Enfin, ces faits, la science les étudie pour les connaître, et seulement pour les connaître, d'une manière absolument désintéressée. Nous nous servons à dessein de ce mot un peu général et vague de *connaître*, sans préciser autrement en quoi peut consister la connaissance dite scientifique. Peu importe, en effet, que le savant s'attache à constituer des types plutôt qu'à découvrir des lois, qu'il se borne à décrire ou bien qu'il cherche à expliquer. La science commence dès que le savoir, quel qu'il soit, est recherché pour lui-même. Sans doute, le savant sait bien que ses découvertes seront vraisemblablement susceptibles d'être utilisées. Il peut même se faire qu'il dirige de préférence ses recherches sur tel ou tel point parce qu'il pressent qu'elles seront ainsi plus profitables, qu'elles permettront de satisfaire à des besoins urgents. Mais en tant qu'il se livre à l'investigation scientifique, il se désintéresse des conséquences pratiques. Il dit ce qui est ; il constate ce que sont les choses, et il s'en tient là. Il ne se préoccupe pas de savoir si les vérités qu'il découvre seront agréables ou déconcertantes, s'il est bon que les rapports qu'il établit restent ce qu'ils sont, ou s'il vaudrait mieux qu'ils fussent autrement. Son rôle est d'exprimer le réel, non de le juger.

Ceci posé, il n'y a pas de raison pour que l'éducation ne devienne pas l'objet d'une recherche qui satisfasse à toutes ces conditions et qui, par conséquent, présente tous les caractères d'une science.

En effet, l'éducation, en usage dans une société déterminée et considérée à un moment déterminé de son évolution, est un ensemble de pratiques, de manières de faire, de coutumes qui constituent des faits parfaitement définis et qui ont la même réalité que les autres faits sociaux. Ce ne sont pas, comme on l'a cru pendant longtemps, des combinaisons plus ou moins arbitraires et artificielles, qui ne doivent l'existence qu'à l'influence capricieuse de volontés toujours contingentes. Elles constituent, au contraire, de véritables institutions sociales. Il n'est pas d'homme qui puisse faire qu'une société ait, à un moment donné, un autre système d'éducation que celui qui est impliqué dans sa structure, de même qu'il est impossible à un organisme vivant d'avoir d'autres organes et d'autres fonctions que ceux qui sont impliqués dans sa constitution. Si, à toutes les raisons qui ont été données à l'appui de cette conception, il est nécessaire d'en ajouter de nouvelles, il suffit de prendre conscience de la force impérative avec laquelle ces pratiques s'imposent à nous. Il est vain de croire que nous élevons nos enfants comme nous voulons. Nous sommes forcés de suivre les règles qui règnent dans le milieu social où nous vivons. L'opinion nous les impose, et l'opinion est une force morale dont le pouvoir contraignant n'est pas moindre que celui des forces physiques. Des usages auxquels elle prête son autorité sont par cela même soustraits, dans une large mesure, à l'action des individus. Nous pouvons bien y contrevenir, mais alors les forces morales contre lesquelles nous nous insurgeons ainsi réagissent contre nous, et il est difficile que, en raison de leur supériorité, nous ne soyons pas vaincus. C'est ainsi que nous pouvons bien nous révolter contre les forces matérielles dont nous dépendons ; nous pouvons tenter de vivre autrement que ne l'implique la nature de notre milieu physique ; mais, alors, la mort ou la maladie sont la sanction de notre révolte. De même, nous sommes plongés dans une atmosphère d'idées et de sentiments collectifs que nous ne pouvons pas modifier à volonté ; et c'est sur des idées et des sentiments de ce genre que reposent les pratiques éducatives. Elles sont donc des choses distinctes de nous, puisqu'elles nous résistent, des réalités qui ont par elles-mêmes une nature définie, acquise, qui s'impose à nous ; par conséquent, il peut y avoir lieu de l'observer, de chercher à la connaître dans le seul but de la connaître. D'autre part, toutes les pratiques éducatives, quelles qu'elles puissent être, quelque différence qu'il y ait entre elles, ont en commun un caractère essentiel : elles résultent toutes de l'action exercée par une génération sur la génération suivante en vue d'adapter celle-ci au milieu social dans lequel elle est appelée à vivre. Elles sont donc toutes des modalités diverses de cette relation fondamentale. Par conséquent, elles sont des faits d'une même espèce, elles ressortissent à une même catégorie logique ; elles peuvent donc servir d'objet à une seule et même science, qui serait la science de l'éducation.

Il n'est pas impossible d'indiquer dès maintenant, dans le seul but de préciser les idées, quelques-uns des principaux problèmes que cette science aurait à traiter.

Les pratiques éducatives ne sont pas des faits isolés les uns des autres ; mais, pour une même société, elles sont liées en un même système dont toutes les parties concourent à une même fin : c'est le système d'éducation propre à ce pays et à ce temps. Chaque peuple a le sien, comme il a son système moral, religieux, économique, etc. Mais, d'un autre côté, des peuples de même espèce, c'est-à-dire des peuples qui se ressemblent par des caractères essentiels de leur constitution, doivent pratiquer des systèmes d'éducation comparables entre eux. Les similitudes que présente leur organisation générale doivent nécessairement en entraîner d'autres, de même importance, dans leur organisation éducative. Par conséquent, on peut certainement, par comparaison, en dégageant les ressemblances et en éliminant les différences, constituer les types génériques d'éducation qui correspondent aux différentes espèces de sociétés. Par exemple, sous le régime de la tribu, l'éducation a pour caractéristique essentielle qu'elle est diffuse ; elle est donnée pour tous les membres du clan indistinctement. Il n'y a pas de maîtres déterminés, pas de surveillants spéciaux préposés à la formation de la jeunesse ; c'est tous les anciens, c'est l'ensemble des générations antérieures qui joue ce rôle. Tout au plus arrive-t-il que, pour certains enseignements particulièrement fondamentaux, certains anciens sont plus spécialement désignés. Dans d'autres sociétés, plus avancées, cette diffusion prend fin, ou, du moins, elle s'atténue. L'éducation se concentre entre les mains de fonctionnaires spéciaux. Dans l'Inde, en Égypte, ce sont les prêtres qui sont chargés de cette fonction. L'éducation est un attribut du pouvoir sacerdotal. Or cette première caractéristique différentielle en entraîne d'autres. Quand la vie religieuse, au lieu de rester elle-même complètement diffuse comme elle l'est à l'origine, se crée un organe spécial chargé de la diriger et de l'administrer, c'est-à-dire quand il se forme une classe ou une caste sacerdotale, ce qu'il y a de proprement spéculatif et intellectuel dans la religion prend un développement jusqu'alors inconnu. C'est dans ces milieux sacerdotaux que sont apparus les premiers prodromes, les formes premières et rudimentaires de la science : astronomie, mathématique, cosmologie. C'est un fait que Comte avait remarqué depuis longtemps et qui s'explique aisément. Il est tout naturel qu'une organisation qui a pour effet de concentrer dans un groupe restreint tout ce qui existe alors de vie spéculative stimule et développe cette dernière. Par suite, l'éducation ne se borne plus, comme dans le principe, à inculquer à l'enfant des pratiques, à le dresser à certaines manières d'agir. Il y a dès lors de la matière pour une certaine instruction. Le prêtre enseigne les éléments de ces sciences qui sont en train de se former. Seulement, cette instruction, ces connaissances spéculatives ne sont pas enseignées pour elles-mêmes, mais en raison des rapports qu'elles soutiennent avec les croyances religieuses ; elles ont un caractère sacré, elles sont toutes pleines d'éléments proprement religieux, parce qu'elles se sont formées au sein même de la religion et en sont inséparables. — Dans d'autres pays, comme dans les cités grecques et latines, l'éducation reste partagée suivant une proportion, variable avec les cités, entre l'État et la famille. Point de caste sacerdotale. C'est l'État qui est préposé à la vie religieuse. Par suite, comme il n'a pas de besoins spéculatifs, comme il est avant tout orienté vers l'action et la pratique, c'est en dehors de lui, par conséquent aussi en dehors de la religion, que la science prend naissance quand le besoin s'en fait sentir. Les philosophes, les savants de la Grèce, sont des particuliers et des laïcs. La science même y a très vite une tendance antireligieuse. Il en résulte, au point de vue qui nous intéresse, que l'instruction, elle aussi, dès qu'elle

apparaît, a un caractère laïc et privé. Le « gramma-
teus » d'Athènes est un simple citoyen, sans attaches
officielles et sans caractère religieux.

Il est inutile de multiplier ces exemples, qui n'ont
qu'un intérêt d'illustration. Ils suffisent à montrer
comment, en comparant des sociétés de même
espèce, on pourrait constituer des types d'éducation, de même que l'on constitue des types de
famille, d'État ou de religion. Cette classification
n'épuiserait pas, d'ailleurs, les problèmes scientifiques qui peuvent se poser au sujet de l'éducation ;
elle ne fait que fournir les éléments nécessaires
pour en résoudre un autre, plus important. Une fois
les types établis, il y aurait à les expliquer, c'est-
à-dire à chercher de quelles conditions dépendent
les propriétés caractéristiques de chacun d'eux, et
comment ils sont sortis les uns des autres.
On obtiendrait ainsi les lois qui dominent l'évolution des systèmes d'éducation. On pourrait apercevoir alors et dans quel sens l'éducation s'est développée et quelles sont les causes qui ont déterminé
ce développement et qui en rendent compte.
Question toute théorique assurément, mais dont la
solution, on l'entrevoit sans peine, serait féconde
en applications pratiques.

Voilà déjà un vaste champ d'études ouvert à la
spéculation scientifique. Et pourtant, il est d'autres
problèmes encore qui pourraient être abordés dans
le même esprit. Tout ce que nous venons de dire se
rapporte au passé ; de telles recherches auraient

pour résultat de nous faire comprendre de quelle manière se sont constituées nos institutions pédagogiques. Mais elles peuvent être considérées sous un autre point de vue. Une fois formées, elles fonctionnent, et l'on pourrait rechercher de quelle manière elles fonctionnent, c'est-à-dire quels résultats elles produisent et quelles sont les conditions qui font varier ces résultats. Pour cela, il faudrait une bonne statistique scolaire. Il y a dans chaque école une discipline, un système de peines et de récompenses. Combien il serait intéressant de savoir, non pas seulement sur la foi d'impressions empiriques, mais par des observations méthodiques, de quelle façon ce système fonctionne dans les différentes écoles d'une même localité, dans les différentes régions, aux différents moments de l'année, aux différents moments de la journée ; quels sont les délits scolaires les plus fréquents ; comment leur proportion varie sur l'ensemble du territoire ou suivant les pays, comment elle dépend de l'âge de l'enfant, de son état de famille, etc. ! Toutes les questions qui se posent à propos des délits de l'adulte peuvent se poser ici non moins utilement. Il y a une criminologie de l'enfant, comme il y a une criminologie de l'homme fait. Et la discipline n'est pas la seule institution éducative qui pourrait être étudiée d'après cette méthode. Il n'est pas de méthode pédagogique dont les effets ne pourraient être mesurés de la même manière, à supposer, bien entendu, que l'instrument nécessaire pour une telle étude, c'est-à-dire une bonne statistique, ait été institué.

II. Voilà donc deux groupes de problèmes dont le caractère purement scientifique ne peut être contesté. Les uns sont relatifs à la genèse, les autres au fonctionnement des systèmes d'éducation. Dans toutes ces recherches, il s'agit simplement ou de décrire des choses présentes ou passées, ou d'en rechercher les causes, ou d'en déterminer les effets. Elles constituent une science; voilà ce qu'est, ou plutôt voilà ce que serait la science de l'éducation.

Mais de l'esquisse même que nous venons d'en tracer, il ressort avec évidence que les théories que l'on appelle pédagogiques sont des spéculations d'une tout autre sorte. En effet, ni elles ne poursuivent le même but, ni elles n'emploient les mêmes méthodes. Leur objectif n'est pas de décrire ou d'expliquer ce qui est ou ce qui a été, mais de déterminer ce qui doit être. Elles ne sont orientées ni vers le présent, ni vers le passé, mais vers l'avenir. Elles ne se proposent pas d'exprimer fidèlement des réalités données, mais d'édicter des préceptes de conduite. Elles ne nous disent pas : voilà ce qui existe et quel en est le pourquoi, mais voilà ce qu'il faut faire. Même, les théoriciens de l'éducation ne parlent généralement des pratiques traditionnelles du présent et du passé qu'avec un dédain presque systématique. Ils en signalent surtout les imperfections. Presque tous les grands pédagogues, Rabelais, Montaigne, Rousseau, Pestalozzi, sont des esprits révolutionnaires, insurgés contre les usages de leurs contemporains. Ils ne mentionnent les systèmes anciens ou existants que pour les condamner, pour déclarer qu'ils sont sans fondement dans la nature. Ils en font plus ou moins complètement table rase et entreprennent de construire à la place quelque chose d'entièrement nouveau.

Si donc on veut s'entendre soi-même, il faut distinguer avec soin deux sortes de spéculations aussi différentes. La pédagogie est autre chose que la science de l'éducation. Mais alors qu'est-ce donc ? Pour faire un choix motivé, il ne nous suffit pas de savoir ce qu'elle n'est pas; il nous faut indiquer en quoi elle consiste.

Dirons-nous que c'est un art? La conclusion paraît s'imposer; car d'ordinaire on ne voit pas d'intermédiaire entre ces deux extrêmes et l'on donne le nom d'art à tout produit de la réflexion qui n'est pas la science. Mais c'est étendre le sens du mot art au point d'y faire rentrer des choses très différentes.

En effet, on appelle également art l'expérience pratique acquise par l'instituteur au contact des enfants et dans l'exercice de sa profession. Or cette expérience est manifestement une chose très différente des théories du pédagogue. Un fait d'observation courante rend très sensible cette différence. On peut être un parfait éducateur et pourtant être tout à fait impropre aux spéculations de la pédagogie. Le maître habile sait faire ce qu'il faut, sans pouvoir toujours dire les raisons qui justifient les procédés qu'il emploie; inversement le pédagogue peut manquer de toute habileté pratique; nous n'aurions pas confié une classe ni à Rousseau ni à Montaigne. Même de Pestalozzi, qui pourtant était un homme du métier, on peut dire qu'il ne devait posséder que très incomplètement l'art de l'éducateur, comme le prouvent ses échecs répétés. La même confusion se retrouve dans d'autres domaines. On appelle art le savoir-faire de l'homme d'État, expert au maniement des affaires publiques. Mais on dit aussi que les écrits de Platon, d'Aristote, de Rousseau, sont des traités d'art politique; et il est certain qu'on ne peut y voir des œuvres vraiment scientifiques, puisqu'elles ont pour objet non d'étudier le réel, mais de construire un idéal. Et pourtant, il y a un abîme entre les démarches de l'esprit qu'implique un livre comme le *Contrat social* et celles que suppose l'administration de l'État; Rousseau eût été vraisemblablement aussi mauvais ministre que mauvais éducateur. C'est ainsi encore que les meilleurs théoriciens des choses médicales ne sont pas, il s'en faut, les meilleurs cliniciens.

Il y a donc intérêt à ne pas désigner par un même mot deux formes d'activité aussi différentes. Il faut, croyons-nous, réserver le nom d'art à tout ce qui est pratique pure sans théorie. C'est ainsi

que tout le monde s'entend quand on parle de l'art
du soldat, de l'art de l'avocat, de l'art de l'instituteur. Un art est un système de manières de faire
qui sont ajustées à des fins spéciales et qui sont le
produit soit d'une expérience traditionnelle commu-
niquée par l'éducation, soit de l'expérience personnelle de l'individu. On ne peut les acquérir qu'en se
mettant en rapport avec les choses sur lesquelles
doit s'exercer l'action et en agissant soi-même.
Sans doute, il peut se faire que l'art soit éclairé par
la réflexion, mais la réflexion n'en est pas un élément essentiel, puisqu'il peut exister sans elle.
Même il n'existe pas un seul art où tout soit
réfléchi.

Mais entre l'art ainsi défini et la science proprement dite, il y a place pour une attitude mentale
intermédiaire. Au lieu d'agir sur les choses ou sur
les êtres suivant des modes déterminés, on réfléchit sur les procédés d'action qui sont ainsi employés, en vue non de les connaître et de les expliquer, mais d'apprécier ce qu'ils valent, s'ils sont ce
qu'ils doivent être, s'il n'est pas utile de les modifier et de quelle manière, voire même de les remplacer totalement par des procédés nouveaux. Ces
réflexions prennent la forme de théories ; ce sont
des combinaisons d'idées, non des combinaisons
d'actes, et, par là, elles se rapprochent de la science.
Mais les idées qui sont ainsi combinées ont pour
objet, non d'exprimer la nature des choses données,
mais de diriger l'action. Elles ne sont pas des mou-

vements, mais sont toutes proches du mouvement, qu'elles ont pour fonction d'orienter. Si ce ne sont pas des actions, ce sont, du moins, des programmes d'action, et, par là, elles se rapprochent de l'art. Telles sont les théories médicales, politiques, stratégiques, etc. Pour exprimer le caractère mixte de ces sortes de spéculations, nous proposons de les appeler des théories pratiques. La pédagogie est une théorie pratique de ce genre. Elle n'étudie pas scientifiquement les systèmes d'éducation, mais elle y réfléchit en vue de fournir à l'activité de l'éducateur des idées qui le dirigent.

III. Mais la pédagogie ainsi entendue est exposée à une objection dont on ne peut se dissimuler la gravité. Sans doute, dit-on, une théorie pratique est possible et légitime quand elle peut s'appuyer sur une science constituée et incontestée dont elle n'est que l'application. Dans ce cas, en effet, les notions théoriques d'où sont déduites les conséquences pratiques ont une valeur scientifique qui se communique aux conclusions qu'on en tire. C'est ainsi que la chimie appliquée est une théorie pratique qui n'est que la mise en œuvre des théories de la chimie pure. Mais une théorie pratique ne vaut que ce que valent les sciences auxquelles elle emprunte ses notions fondamentales. Or, sur quelles sciences la pédagogie peut-elle s'appuyer? Il devrait d'abord y avoir la science de l'éducation. Car, pour savoir ce que l'éducation doit être, il faudrait avant tout savoir quelle en est la nature, quelles sont les conditions diverses dont elle dépend, les lois suivant lesquelles elle a évolué dans l'histoire. Mais la science de l'éducation n'existe guère qu'à l'état de projet. Restent, d'une part, les autres branches de la sociologie qui pourraient aider la pédagogie à fixer le but de l'éducation avec l'orientation générale des méthodes; de l'autre, la psychologie dont les enseignements pourraient être très utiles pour la détermination, dans le détail, des procédés pédagogiques. Mais la sociologie est une science à peine naissante; elle ne compte que bien peu de propositions établies, si tant est qu'il y en ait. La psychologie elle-même, bien qu'elle se soit constituée plus tôt que les sciences sociales, est l'objet de toutes sortes de controverses; il n'est pas de questions psychologiques sur lesquelles on ne soutienne encore les thèses les plus opposées. Dès lors, que peuvent valoir des conclusions pratiques qui reposent sur des données scientifiques à la fois aussi incertaines et aussi incomplètes? Que peut valoir une spéculation pédagogique qui manque de toutes bases, ou dont les bases, quand elles ne font pas totalement défaut, manquent à ce point de solidité?

Le fait que l'on invoque ainsi pour dénier tout crédit à la pédagogie est, en lui-même, incontestable. Il est certain que la science de l'éducation est tout entière à faire, que la sociologie et la psychologie sont encore bien peu avancées. Si donc il nous était permis d'attendre, il serait prudent et méthodique de patienter jusqu'à ce que ces sciences eussent fait des progrès et pussent être utilisées avec plus d'assurance. Mais c'est que, justement, la patience ne nous est pas permise. Nous ne sommes pas libres de nous poser ou d'ajourner le problème : il nous est posé, ou plutôt imposé par les choses elles-mêmes, par les faits, par la nécessité de vivre. La question n'est pas entière. Nous sommes embarqués et il faut suivre. Sur bien des points, notre système traditionnel d'éducation n'est plus en harmonie avec nos idées et nos besoins. Nous n'avons donc de choix qu'entre les deux partis suivants : Ou bien essayer de maintenir quand même les pratiques que nous a léguées le passé, bien qu'elles ne répondent plus aux exigences de la situation, ou bien entreprendre résolument de rétablir l'harmonie troublée en cherchant quelles sont les modifications nécessaires. De ces deux partis, le premier est irréalisable et ne peut aboutir. Rien n'est vain comme ces tentatives pour donner une vie artificielle et une autorité d'apparence à des institutions vieillies et discréditées. L'échec est inévitable. On ne peut pas étouffer les idées que ces institutions contredisent; on ne peut pas faire taire les besoins qu'elles froissent. Les forces contre lesquelles on entreprend ainsi de lutter ne peuvent pas ne pas avoir le dessus.

Il n'y a donc qu'à se mettre courageusement à l'œuvre, qu'à rechercher les changements qui s'imposent et à les réaliser. Mais comment les découvrir si ce n'est par la réflexion ? Seule, la conscience réfléchie peut suppléer aux lacunes de la tradition, quand celle-ci vient à faire défaut. Or qu'est-ce que la pédagogie, sinon la réflexion appliquée le plus méthodiquement possible aux choses de l'éducation en vue d'en régler le développement? Sans doute, nous n'avons pas entre les mains tous les éléments qui seraient désirables pour résoudre le problème; mais ce n'est pas une raison pour ne pas chercher à le résoudre puisqu'il faut qu'il soit résolu. Nous n'avons donc rien d'autre à faire qu'à faire pour le mieux, qu'à rassembler le plus de faits instructifs qu'il nous est possible, qu'à les interpréter avec le plus de méthode que nous pouvons y mettre, afin de réduire au minimum les chances d'erreur. Tel est le rôle du pédagogue. Rien n'est vain et stérile comme ce puritanisme scientifique qui, sous prétexte que la science n'est pas faite, conseille l'abstention et recommande aux hommes d'assister en témoins indifférents, ou tout au moins résignés, à la marche des événements. A côté du sophisme d'ignorance, il y a le sophisme de science qui n'est pas moins dangereux. Sans doute, à agir dans ces conditions, on court des risques. Mais l'action ne va jamais sans risques; la science, si avancée qu'elle puisse être, ne saurait les supprimer. Tout ce qu'on peut nous demander, c'est de mettre tout ce que nous avons de science, si imparfaite qu'elle soit, et tout ce que nous avons de conscience, à prévenir ces risques autant qu'il est en nous. Et c'est précisément en cela que consiste le rôle de la pédagogie.

Mais la pédagogie ne sera pas seulement utile dans ces périodes critiques où il faut, en toute urgence, remettre un système scolaire en harmonie avec les besoins du temps ; aujourd'hui, tout au moins, elle est devenue un auxiliaire constamment indispensable de l'éducation.

C'est que, en effet, si l'art de l'éducateur est fait, avant tout, d'instincts et d'habitudes devenues presque instinctives, il est cependant nécessaire que l'intelligence ne s'en retire pas. La réflexion ne saurait en tenir lieu, mais il ne saurait se passer de la réflexion, du moins à partir du moment où les peuples ont atteint un certain degré de civilisation. En effet, une fois que la personnalité individuelle est devenue un élément essentiel de la culture intellectuelle et morale de l'humanité, l'éducateur doit tenir compte du germe d'individualité qui est en chaque enfant. Il doit, par tous les moyens possibles, chercher à en favoriser le développement. Au lieu d'appliquer à tous, d'une manière invariable, la même réglementation impersonnelle et uniforme, il devra, au contraire, varier, diversifier les méthodes suivant les tempéraments et la tournure de chaque intelligence. Mais, pour pouvoir accommoder avec discernement les pratiques éducatives à la variété des cas particuliers, il faut savoir à quoi elles tendent, quelles sont les raisons des différents procédés qui les constituent, les effets qu'elles produisent dans les différentes circonstances ; il faut, en un mot, les avoir soumises à la réflexion pédagogique. Une éducation empirique, machinale, ne peut pas ne pas être compressive et niveleuse. D'autre part, à mesure qu'on avance dans l'histoire, l'évolution sociale devient plus rapide ; une époque ne ressemble pas à celle qui précède ; chaque temps a sa physionomie. Des besoins nouveaux et de nouvelles idées surgissent sans cesse ; pour pouvoir répondre aux changements incessants qui surviennent ainsi dans les opinions et dans les mœurs, il faut que l'éducation elle-même change, et, par conséquent, reste dans un état de malléabilité qui permette le changement. Or, le seul moyen de l'empêcher de tomber sous le joug de l'habitude et de dégénérer en automatisme machinal et immuable, c'est de la tenir perpétuellement en haleine par la réflexion. Quand l'éducateur se rend compte des méthodes qu'il emploie, de leur but et de leur raison d'être, il est en état de les juger et, par suite, il se tient prêt à les modifier s'il arrive à se convaincre que le but à poursuivre n'est plus le même ou que les moyens à employer doivent être différents. La réflexion est, par excellence, la force antagoniste de la routine, et la routine est l'obstacle aux progrès nécessaires.

C'est pourquoi, s'il est vrai, comme nous le disions en commençant, que la pédagogie n'apparaît dans l'histoire que d'une manière intermittente, il faut cependant ajouter qu'elle tend de plus en plus à devenir une fonction continue de la vie sociale. Le moyen âge n'en avait pas besoin. C'était une époque de conformisme où tout le monde pensait et sentait de la même manière, où tous les esprits étaient comme coulés dans le même moule, où les dissidences individuelles étaient rares, et d'ailleurs proscrites. Aussi l'éducation était-elle impersonnelle; le maître, dans les écoles médiévales, s'adressait collectivement à tous ses élèves sans qu'il eût l'idée d'approprier son action à la nature de chacun. En même temps, l'immutabilité des croyances fondamentales s'opposait à ce que le système éducatif évoluât très rapidement. Pour ces deux raisons, il avait donc moins besoin d'être guidé par la pensée pédagogique. Mais, à la Renaissance, tout change : les personnalités individuelles se dégagent de la masse sociale où elles étaient, jusque-là, absorbées et confondues; les esprits se diversifient; en même temps le développement historique s'accélère; une nouvelle civilisation se constitue. Pour répondre à tous ces changements, la réflexion pédagogique s'éveille, et, bien qu'elle n'ait pas toujours brillé d'un même éclat, cependant, elle ne devait plus s'éteindre complètement.

IV. Mais, pour que la réflexion pédagogique puisse produire les effets utiles qu'on est en droit d'attendre d'elle, il faut qu'elle soit soumise à une culture appropriée.

1º Nous avons vu que la pédagogie n'est pas l'éducation et ne saurait en tenir lieu. Son rôle n'est pas de se substituer à la pratique, mais de la guider, de l'éclairer, de l'aider, au besoin, à combler les lacunes qui viennent à s'y produire, à remédier aux insuffisances qui y sont constatées. Le pédagogue n'a donc pas à construire de toutes pièces un système d'enseignement, comme s'il n'en existait pas avant lui ; mais il faut, au contraire, qu'il s'applique, avant tout, à connaître et à comprendre le système de son temps ; c'est à cette condition qu'il sera en mesure de s'en servir avec discernement et de juger ce qu'il peut s'y trouver de défectueux.

Mais, pour pouvoir le comprendre, il ne suffit pas de le considérer tel qu'il est aujourd'hui, car ce système d'éducation est un produit de l'histoire que l'histoire seule peut expliquer. C'est une véritable institution sociale. Même il n'en est guère où toute l'histoire du pays vienne aussi intégralement retentir. Les écoles françaises traduisent, expriment l'esprit français. On ne peut donc rien entendre à ce qu'elles sont, au but qu'elles poursuivent, si l'on ne sait pas ce qui constitue notre esprit national, quels en sont les divers éléments, quels sont ceux qui dépendent de causes permanentes et profondes, ceux, au contraire, qui sont dus à l'action de facteurs plus ou moins accidentels et passagers : toutes questions que, seule, l'analyse historique peut résoudre. On discute souvent pour savoir quelle place doit revenir à l'école primaire dans l'ensemble de notre organisation scolaire et dans la vie générale de la société. Mais le problème est insoluble si l'on ignore comment s'est formée notre organisation scolaire, d'où viennent ses caractères distinctifs, ce qui a déterminé, dans le passé, la place qui y a été faite à l'école élémentaire, quelles sont les causes qui en ont favorisé ou entravé le développement, etc.

Ainsi, l'histoire de l'enseignement, au moins de l'enseignement national, est la première des propédeutiques à une culture pédagogique. Naturellement, si c'est de pédagogie primaire qu'il s'agit, c'est l'histoire de l'enseignement primaire que l'on s'attache de préférence à connaître. Mais, pour la raison que nous venons d'indiquer, il ne saurait être détaché complètement du système scolaire plus vaste dont il n'est qu'une partie.

2° Mais ce système scolaire n'est pas fait uniquement de pratiques établies, de méthodes consacrées par l'usage, héritage du passé. Il s'y trouve, de plus, des tendances vers l'avenir, des aspirations vers un idéal nouveau, plus ou moins clairement entrevu. Ces aspirations, il importe de les bien connaître pour pouvoir apprécier quelle place il convient de leur faire dans la réalité scolaire. Or, elles viennent s'exprimer dans les doctrines pédagogiques ; l'histoire de ces doctrines doit donc compléter celle de l'enseignement.

On pourrait croire, il est vrai, que, pour remplir sa fin utile, cette histoire n'a pas besoin de remonter très loin dans le passé et peut, sans inconvénient, être très courte. Ne suffit-il pas de connaître les théories entre lesquelles se partagent les esprits des contemporains ? Toutes les autres, celles des siècles antérieurs, sont aujourd'hui périmées et n'ont plus, semble-t-il, qu'un intérêt d'érudition.

Mais ce modernisme ne peut, croyons-nous, que raréfier une des principales sources auxquelles doit s'alimenter la réflexion pédagogique.

En effet, les doctrines les plus récentes ne sont pas nées d'hier; elles sont la suite de celles qui ont précédé, sans lesquelles, par conséquent, elles ne peuvent être comprises; et ainsi, de proche en proche, pour découvrir les causes déterminantes d'un courant pédagogique de quelque importance, il faut généralement revenir assez loin en arrière. C'est même à cette condition que l'on aura quelque assurance que les vues nouvelles qui passionnent le plus les esprits ne sont pas de brillantes improvisations, destinées à sombrer rapidement dans l'oubli. Par exemple, pour pouvoir comprendre la tendance actuelle à l'enseignement par les choses, à ce qu'on peut appeler le réalisme pédagogique, il ne faut pas se borner à voir comment elle s'exprime chez tel ou tel contemporain; il faut remonter jusqu'au moment où elle prend naissance, c'est-à-dire au milieu du dix-huitième siècle en France, et vers la fin du dix-septième dans certains pays protestants. Par cela seul qu'elle se trouvera ainsi rattachée à ses origines premières, la pédagogie réaliste se présentera sous un tout autre aspect; on se rendra mieux compte qu'elle tient à des causes profondes, impersonnelles, agissantes chez tous les peuples de l'Europe. Et en même temps, on sera dans de meilleures conditions pour apercevoir quelles sont ces causes, et, par conséquent, pour juger de la portée véritable de ce mouvement. Mais, d'un autre côté, ce courant pédagogique s'est constitué en opposition avec un courant contraire, celui de l'enseignement humaniste et livresque. On ne pourra donc apprécier sainement le premier qu'à condition de connaître aussi le second; et nous voilà obligés de remonter bien plus haut encore dans l'histoire. Cette histoire de la pédagogie, pour porter tous ses fruits, ne doit pas, d'ailleurs, être séparée de l'histoire de l'enseignement. Bien que nous les ayons distinguées dans l'exposition, elles sont, en réalité, solidaires l'une de l'autre. Car, à chaque moment du temps, les doctrines dépendent de l'état de l'enseignement, qu'elles reflètent alors même qu'elles réagissent contre lui, et, d'autre part, dans la mesure où elles exercent une action efficace, elles contribuent à le déterminer.

La culture pédagogique doit donc avoir une base largement historique. C'est à cette condition que la pédagogie pourra échapper à un reproche qu'on lui a souvent adressé et qui a fortement nui à son crédit. Trop de pédagogues, et parmi les plus illustres, ont entrepris d'édifier leurs systèmes en faisant abstraction de ce qui avait existé avant eux. Le traitement auquel Ponocrates soumet Gargantua avant de l'initier aux méthodes nouvelles est, sur ce point, significatif : il lui purge le cerveau « avec élébore d'Anticyre » de manière à lui faire oublier « tout ce qu'il auoit apprins soubz ses anticques precepteurs ». C'était dire, sous une forme allégorique, que la pédagogie nouvelle ne devait rien avoir de commun avec celle qui avait précédé. Mais c'était du même coup se placer en dehors des conditions du réel. L'avenir ne peut être évoqué du néant : nous ne pouvons le construire qu'avec les matériaux que nous a légués le passé. Un idéal que l'on construit en prenant le contre-pied de l'état de choses existant n'est pas réalisable puisqu'il n'a pas de racines dans la réalité. D'ailleurs, il est clair que le passé avait ses raisons d'être ; il n'aurait pu durer s'il n'avait répondu à des besoins légitimes qui ne sauraient disparaître totalement du jour au lendemain ; on ne peut donc en faire aussi radicalement table rase sans méconnaître des nécessités vitales. Voilà comment il se fait que la pédagogie n'a trop souvent été qu'une forme de littérature utopique. Nous plaindrions des enfants auxquels on appliquerait rigoureusement la méthode de Rousseau ou celle de Pestalozzi. Sans doute, ces utopies ont pu jouer un rôle utile dans l'histoire. Leur simplisme même leur a permis de frapper plus vivement les esprits et de les stimuler à l'action. Mais, d'abord, ces avantages ne sont pas sans inconvénients ; de plus, pour cette pédagogie de tous les jours, dont chaque maître a besoin en vue d'éclairer et de guider sa pratique quotidienne, il faut moins d'entraînement passionnel et unilatéral, et, au contraire, plus de méthode, un sentiment plus présent de la réalité et des difficultés multiples auxquelles il est nécessaire de faire face. C'est ce sentiment que donnera une culture historique bien entendue.

3° Seule, l'histoire de l'enseignement et de la pédagogie permet de déterminer les fins que doit poursuivre l'éducation à chaque moment du temps. Mais, pour ce qui regarde les moyens nécessaires à la réalisation de ces fins, c'est à la psychologie qu'il faut les demander.

En effet, l'idéal pédagogique d'une époque exprime avant tout l'état de la société à l'époque considérée. Mais, pour que cet idéal devienne une réalité, encore faut-il y conformer la conscience de l'enfant. Or, la conscience a ses lois propres qu'il faut connaître pour pouvoir les modifier, si, du moins, on veut s'épargner, autant que possible, les tâtonnements empiriques que la pédagogie a précisément pour objet de réduire au minimum. Pour pouvoir exciter l'activité à se développer dans une certaine direction, encore faut-il savoir quels sont les ressorts qui la meuvent et quelle est leur nature; car c'est à cette condition qu'il sera possible d'y appliquer, en connaissance de cause, l'action qui convient. S'agit-il, par exemple, d'éveiller ou l'amour de la patrie ou le sens de l'humanité? Nous saurons d'autant mieux tourner la sensibilité morale des élèves dans l'un ou l'autre sens, que nous aurons des notions plus complètes et plus précises sur l'ensemble des phénomènes que l'on appelle tendances, habitudes, désirs, émotions, etc., sur les conditions diverses dont ils dépendent, sur la forme qu'ils présentent chez l'enfant. Suivant qu'on voit dans les tendances un produit des expériences agréables ou désagréables qu'a pu faire l'espèce, ou bien, au contraire, un fait primitif antérieur aux états affectifs qui en accompagnent le fonctionnement, on devra s'y prendre de manières très différentes pour en régler le fonctionnement. Or, c'est à la psychologie et, plus spécialement, à la psychologie infantile qu'il appartient de résoudre ces questions. Si donc elle est incompétente pour fixer la fin, — puisque la fin varie suivant les états sociaux, — il n'est pas douteux qu'elle n'ait un rôle utile à jouer dans la constitution des méthodes. Même, comme aucune méthode ne peut s'appliquer de la même manière aux différents enfants, c'est encore la psychologie qui devrait nous aider à nous reconnaître au milieu de la diversité des intelligences et des caractères. On sait malheureusement que nous sommes encore loin du moment où elle sera vraiment en état de satisfaire à ce desideratum.

Il y a une forme spéciale de la psychologie qui a pour le pédagogue une importance toute particulière : c'est la psychologie collective. Une classe, en effet, est une petite société, et il ne faut pas la conduire comme si elle n'était qu'une simple agglomération de sujets indépendants les uns des autres. Les enfants en classe pensent, sentent et agissent autrement que quand ils sont isolés. Il se produit dans une classe des phénomènes de contagion, de démoralisation collective, de surexcitation mutuelle, d'effervescence salutaire, qu'il faut savoir discerner afin de prévenir ou de combattre les uns, d'utiliser les autres. Assurément, cette science est encore tout à fait dans l'enfance. Cependant, il y a, dès à présent, un certain nombre de propositions qu'il importe de ne pas ignorer.

Telles sont les principales disciplines qui peuvent éveiller et cultiver la réflexion pédagogique. Au lieu de chercher à édicter, pour la pédagogie, un code abstrait de règles méthodologiques, — entreprise qui, en un mode de spéculation aussi composite et aussi complexe, n'est guère réalisable d'une manière satisfaisante, — il nous a paru préférable d'indiquer de quelle manière le pédagogue nous paraît devoir être formé. Une certaine attitude de l'esprit en face des problèmes qu'il lui appartient de traiter se trouve, par cela même, déterminée.

III

PÉDAGOGIE ET SOCIOLOGIE

C'est pour moi un très grand honneur, et dont je sens vivement tout le prix, d'avoir à suppléer dans cette chaire l'homme de haute raison et de ferme volonté à qui la France doit, pour une si large part, la rénovation de son enseignement primaire. En contact intime avec les maîtres de nos écoles depuis quinze ans que je professe la pédagogie à l'Université de Bordeaux, j'ai pu voir de près l'œuvre à laquelle le nom de M. Buisson restera définitivement attaché, et j'en connais, par suite, toute la grandeur. Surtout quand on se reporte par la pensée à l'état dans lequel se trouvait cet enseignement au moment où la réforme en fut entreprise, il est impossible de ne pas admirer l'importance des résultats obtenus et la rapidité des progrès accomplis. Les écoles multipliées et matériellement transformées, des méthodes rationnelles substituées aux vieilles routines d'autrefois, un véritable essor donné à la réflexion pédagogique, une stimulation générale de toutes les initiatives, tout cela constitue certainement une des plus grandes et des plus heureuses révolutions qui se soient produites dans l'histoire de notre éducation nationale. Ce fut donc pour la science une véritable bonne fortune quand M. Buisson, jugeant sa tâche achevée, renonça à ses absorbantes fonctions pour communiquer au public, par la voie de l'enseignement, les résultats de son incomparable expérience. Une pratique aussi étendue des choses, éclairée d'ailleurs par une large philosophie, à la fois prudente et curieuse de toutes les nouveautés, devait nécessairement donner à sa parole une autorité que venaient rehausser encore le prestige moral attaché à sa personne et le souvenir des services rendus dans toutes les grandes causes auxquelles M. Buisson a consacré sa vie.

Je ne vous apporte rien qui ressemble à une compétence aussi particulière. Aussi aurais-je lieu de me sentir singulièrement effrayé devant les difficultés de ma tâche, si je ne me rassurais un peu à la pensée que des problèmes aussi complexes peuvent être utilement étudiés par des esprits divers et de points de vue différents. Sociologue, c'est surtout en sociologue que je vous parlerai d'éducation. D'ailleurs, bien loin qu'à procéder ainsi on s'expose à voir et à montrer les choses par un biais qui les déforme, je suis, au contraire, convaincu qu'il n'est pas de méthode plus apte à mettre en évidence leur véritable nature. Je considère, en effet, comme le postulat même de toute spéculation pédagogique que l'éducation est chose éminemment sociale, par ses origines comme par ses fonctions, et que, par suite, la pédagogie dépend de la sociologie plus étroitement que de toute autre science. Et puisque cette idée est appelée à dominer tout mon enseignement, comme elle dominait déjà l'enseignement similaire que je donnais naguère dans une autre Université, il m'a paru qu'il convenait d'employer ce premier entretien à la dégager et à la préciser afin que vous puissiez mieux en suivre les applications ultérieures. Ce n'est pas qu'il puisse être question d'en faire une démonstration expresse au cours d'une seule et unique leçon. Un principe aussi général et dont les répercussions sont aussi étendues ne peut se vérifier que progressivement, au fur et à mesure que l'on avance dans le détail des faits et qu'on voit comment il s'y applique. Mais ce qui est possible dès maintenant, c'est de vous en donner un aperçu d'ensemble ; c'est de vous indiquer les principales raisons qui doivent le faire accepter, dès le début de la recherche, à titre de présomption provisoire et sous réserve des vérifications nécessaires ; c'est, enfin, d'en marquer la portée en même temps que les limites, et ce sera l'objet de cette première leçon.

I

Il est d'autant plus nécessaire d'appeler tout de suite votre attention sur cet axiome fondamental qu'il est plus généralement méconnu. Jusqu'à ces dernières années — et encore les exceptions peuvent-elles se compter[1] — les pédagogues modernes étaient presque unanimement d'accord pour voir dans l'éducation une chose éminemment individuelle et pour faire, par conséquent, de la pédagogie un corollaire immédiat et direct de la seule psychologie. Pour Kant comme pour Mill, pour Herbart comme pour Spencer, l'éducation aurait avant tout pour objet de réaliser en chaque individu, mais en les portant à leur plus haut point de perfection possible, les attributs constitutifs de l'espèce humaine en général. On posait comme une vérité d'évidence qu'il y a une éducation, et une seule, qui, a l'exclusion de toute autre, convient indifféremment à tous les hommes, quelles que soient les conditions historiques et sociales dont ils dépendent, et c'est cet idéal abstrait et unique que les théoriciens de l'éducation se proposaient de déterminer. On admettait qu'il y a *une* nature

1. L'idée fut déjà exprimée par Lange, dans une leçon d'ouverture publiée dans les *Monatshefte der Comeniusgesellschaft,* Bd. III, p. 107. Elle fut reprise par Lorenz von Stein dans sa *Verwaltungslehre,* Bd. V. A la même tendance se rattachent Willmann, *Didaktik als Bildungslehre,* 2 vol., 1894 ; Natorp, *Socialpædagogik,* 1899 ; Bergemann, *Soziale Pædagogik,* 1900. Nous signalerons également G. Edgard Vincent, *The social mind and education* ; Elslander, *L'Éducation au point de vue sociologique,* 1899.

humaine, dont les formes et les propriétés sont déterminables une fois pour toutes, et le problème pédagogique consistait à rechercher de quelle manière l'action éducatrice doit s'exercer sur la nature humaine ainsi définie. Sans doute, nul n'a jamais pensé que l'homme soit d'emblée, dès qu'il entre dans la vie, tout ce qu'il peut et doit être. Il est trop manifeste que l'être humain ne se constitue que progressivement, au cours d'un lent devenir qui commence à la naissance pour ne s'achever qu'à la maturité. Mais on supposait que ce devenir ne fait qu'actualiser des virtualités, que mettre au jour des énergies latentes qui existaient, toutes préformées, dans l'organisme physique et mental de l'enfant. L'éducateur n'aurait donc rien d'essentiel à ajouter à l'œuvre de la nature. Il ne créerait rien de nouveau. Son rôle se bornerait à empêcher que ces virtualités existantes ne s'atrophient par inaction, ou ne dévient de leur direction normale, ou ne se développent avec trop de lenteur. Dès lors, les conditions de temps et de lieu, l'état où se trouve le milieu social perdent tout intérêt pour la pédagogie. Puisque l'homme porte en lui-même tous les germes de son développement, c'est lui et lui seul qu'il faut observer quand on entreprend de déterminer dans quel sens et de quelle manière ce développement doit être dirigé. Ce qui importe, c'est de savoir quelles sont ses facultés natives et quelle est leur nature. Or la science qui a pour objet de décrire et d'expliquer l'homme individuel, c'est la psychologie. Il semble donc qu'elle doive suffire à tous les besoins du pédagogue.

Malheureusement, cette conception de l'éducation se trouve en contradiction formelle avec tout ce que nous apprend l'histoire : il n'est pas un peuple, en effet, où elle ait jamais été mise en pratique. Tout d'abord, bien loin qu'il y ait une éducation universellement valable pour tout le genre humain, il n'y a, pour ainsi dire, pas de société où des systèmes pédagogiques différents ne coexistent et ne fonctionnent parallèlement. La société est-elle formée de castes ? L'éducation varie d'une caste à l'autre ; celle des patriciens n'était pas celle des plébéiens, celle du Brahmane n'était pas celle du Çudra. De même, au moyen âge, quel écart entre la culture que recevait le jeune page, instruit dans tous les arts de la chevalerie, et celle du vilain qui s'en allait apprendre à l'école de sa paroisse quelques maigres éléments de comput, de chant et de grammaire ! Aujourd'hui encore ne voyons-nous pas l'éducation varier avec les classes sociales ou bien même avec les habitats ? Celle de la ville n'est pas celle de la campagne, celle du bourgeois n'est pas celle de l'ouvrier. On dira que cette organisation n'est pas moralement justifiable, qu'on ne peut y voir qu'une survivance destinée à disparaître ? La thèse est aisée à défendre. Il est évident que l'éducation de nos enfants ne devrait pas dépendre du hasard qui les fait naître ici plutôt que là, de tels parents et non de tels autres. Mais alors même que la conscience morale de notre temps aurait reçu sur ce point la satisfaction qu'elle attend, l'éducation ne deviendrait pas pour cela plus uniforme. Alors même que la carrière de chaque enfant ne serait plus prédéterminée, au moins en grande partie, par une aveugle hérédité, la diversité morale des professions ne laisserait pas d'entraîner à sa suite une grande diversité pédagogique. Chaque profession, en effet, constitue un milieu *sui generis* qui réclame des aptitudes particulières et des connaissances spéciales, où règnent certaines idées, certains usages, certaines manières de voir les choses ; et comme l'enfant doit être préparé en vue de la fonction qu'il sera appelé à remplir, l'éducation, à partir d'un certain âge, ne peut plus rester la même pour tous les sujets auxquels elle s'applique. C'est pourquoi nous la voyons, dans tous les pays civilisés, qui tend de plus en plus à se diversifier et à se spécialiser : et cette spécialisation devient tous les jours plus précoce. L'hétérogénéité qui se produit ainsi ne repose pas, comme celle dont nous constations tout à l'heure l'existence, sur d'injustes inégalités ; mais elle n'est pas moindre. Pour trouver une éducation absolument homogène et égalitaire, il faudrait remonter jusqu'aux sociétés préhistoriques au sein desquelles il n'existe aucune différenciation, et encore ces sortes de sociétés ne représentent-elles guère qu'un moment logique dans l'histoire de l'humanité.

Or il est évident que ces éducations spéciales ne

sont nullement organisées en vue de fins individuelles. Sans doute, il arrive parfois qu'elles ont pour effet de développer chez l'individu des aptitudes particulières qui y étaient immanentes et qui ne demandaient qu'à entrer en acte : en ce sens, on peut dire qu'elles l'aident à réaliser sa nature. Mais nous savons combien ces vocations étroitement définies sont exceptionnelles. Le plus généralement, nous ne sommes pas prédestiné par notre tempérament intellectuel ou moral à une fonction bien déterminée. L'homme moyen est éminemment plastique ; il peut être également utilisé dans des emplois très variés. Si donc il se spécialise et s'il se spécialise sous telle forme plutôt que sous telle autre, ce n'est pas pour des raisons qui lui sont intérieures ; il n'y est pas poussé par les nécessités de sa nature. Mais c'est la société qui, pour pouvoir se maintenir, a besoin que le travail se divise entre ses membres et se divise entre eux de telle façon plutôt que de telle autre. C'est pourquoi elle se prépare de ses propres mains, par la voie de l'éducation, les travailleurs spéciaux dont elle a besoin. C'est donc pour elle et c'est aussi par elle que l'éducation s'est ainsi diversifiée.

Il y a plus. Bien loin que cette culture spéciale nous rapproche nécessairement de la perfection humaine, elle ne va pas sans une déchéance partielle, et cela alors même qu'elle se trouve en harmonie avec les prédispositions naturelles de l'individu. Car nous ne pouvons développer avec l'intensité nécessaire les facultés qu'implique spécialement notre fonction, sans laisser les autres s'engourdir dans l'inaction, sans abdiquer, par conséquent, toute une partie de notre nature. Par exemple, l'homme, en tant qu'individu, n'est pas moins fait pour agir que pour penser. Même, puisqu'il est avant tout un être vivant et que la vie c'est l'action, les facultés actives lui sont peut-être plus essentielles que les autres. Et cependant, à partir du moment où la vie intellectuelle des sociétés a atteint un certain degré de développement, il y a et il doit nécessairement y avoir des hommes qui s'y consacrent exclusivement, qui ne fassent que penser. Or la pensée ne peut se développer qu'en se détachant du mouvement, qu'en se repliant sur elle-même, qu'en détournant de l'action le sujet qui s'y donne. Ainsi se forment ces natures incomplètes où toutes les énergies de l'activité se sont, pour ainsi dire, converties en réflexion, et qui, pourtant, quelque tronquées qu'elles soient par certains côtés, constituent les agents indispensables du progrès scientifique. Jamais l'analyse abstraite de la constitution humaine n'aurait permis de prévoir que l'homme était susceptible d'altérer ainsi ce qui passe pour être son essence, ni qu'une éducation était nécessaire qui préparât ces utiles altérations.

Cependant, quelle que soit l'importance de ces éducations spéciales, on ne saurait contester qu'elles ne sont pas toute l'éducation. Même on peut dire qu'elles ne se suffisent pas à elles-mêmes ; partout où on les rencontre, elles ne divergent les unes des autres qu'à partir d'un certain point en deçà duquel elles se confondent. Elles reposent toutes sur une base commune. Il n'y a pas de peuple, en effet, où il n'existe un certain nombre d'idées, de sentiments et de pratiques que l'éducation doit inculquer à tous les enfants indistinctement, à quelque catégorie sociale qu'ils appartiennent. C'est même cette éducation commune qui passe généralement pour être la véritable éducation. Elle seule semble pleinement mériter d'être appelée de ce nom. On lui accorde sur toutes les autres une sorte de prééminence. C'est donc d'elle surtout qu'il importe de savoir si, comme on le prétend, elle est impliquée tout entière dans la notion de l'homme et si elle en peut être déduite.

A vrai dire, la question ne se pose même pas pour tout ce qui concerne les systèmes d'éducation que nous fait connaître l'histoire. Ils sont si évidemment liés à des systèmes sociaux déterminés qu'ils en sont inséparables. Si, en dépit des différences qui séparaient le patriciat de la plèbe, il y avait pourtant à Rome une éducation commune à tous les Romains, cette éducation avait pour caractéristique d'être essentiellement romaine. Elle impliquait toute l'organisation de la cité en même temps qu'elle en était la base. Et ce que nous disons de Rome pourrait se répéter de toutes les sociétés historiques. Chaque type de peuple a son éducation qui lui est propre et qui peut servir à le définir au même titre que son organisation morale, politique et religieuse. C'est un des éléments de sa physionomie. Voilà pourquoi l'éducation a si prodigieusement varié suivant les temps et les pays ; pourquoi, ici, elle habitue l'individu à abdiquer complètement sa personnalité entre les mains de l'État, alors qu'ailleurs, au contraire, elle s'attache à en faire un être autonome, législateur de sa propre conduite; pourquoi elle était ascétique au moyen âge, libérale à la renaissance, littéraire au xviie siècle, scientifique de nos jours. Ce n'est pas que, par une suite d'aberrations, les hommes se soient mépris sur leur nature d'hommes et sur leurs besoins, mais c'est que leurs besoins ont varié, et ils ont varié parce que les conditions sociales dont dépendent les besoins humains ne sont pas restées les mêmes.

Mais, par une inconsciente contradiction, ce que l'on accorde facilement pour le passé, on se refuse à l'admettre pour le présent et, plus encore, pour l'avenir. Tout le monde reconnaît sans peine qu'à Rome, en Grèce, l'éducation avait pour unique objet de faire des Grecs et des Romains et, par conséquent, se trouvait solidaire de tout un ensemble d'institutions politiques, morales, économiques et religieuses. Mais nous nous plaisons à croire que notre éducation moderne échappe à la loi commune, que, dès à présent, elle est moins directement dépendante des contingences sociales et qu'elle est appelée à s'en affranchir complètement dans l'avenir. Ne répétons-nous pas sans cesse que nous voulons faire de nos enfants des hommes avant même que d'en faire des citoyens, et ne semble-t-il pas que notre qualité d'homme soit naturellement soustraite aux influences collectives puisqu'elle leur est logiquement antérieure ?

Et pourtant, ne serait-ce pas une sorte de miracle que l'éducation, après avoir eu pendant des siècles et dans toutes les sociétés connues tous les caractères d'une institution sociale, ait pu changer aussi complètement de nature ? Une pareille transformation paraîtra plus surprenante encore si l'on songe que le moment où elle se serait accomplie se trouve être précisément celui où l'éducation a commencé à devenir un véritable service public : car c'est depuis la fin du siècle dernier qu'on la voit, non seulement en France, mais dans toute l'Europe, tendre à se placer de plus en plus directement sous le contrôle et la direction de l'État. Sans doute, les fins qu'elle poursuit se détachent tous les jours davantage des conditions locales ou ethniques qui les particularisaient autrefois ; elles deviennent plus générales et plus abstraites. Mais elles n'en restent pas moins essentiellement collectives. N'est-ce pas, en effet, la collectivité qui nous les impose ? N'est-ce pas elle qui nous commande de développer avant tout chez nos enfants les qualités qui leur sont communes avec tous les hommes ? Il y a plus. Non seulement elle exerce sur nous par la voie de l'opinion une pression morale pour que nous entendions ainsi nos devoirs d'éducateur, mais elle y attache un tel prix que, comme je viens de le rappeler, elle se charge elle-même de la tâche. Il est aisé de prévoir que, si elle y tient à ce point, c'est qu'elle s'y sent intéressée. Et, en effet, seule, une culture largement humaine peut donner aux sociétés modernes les citoyens dont elle a besoin. Parce que chacun des grands peuples européens couvre un immense habitat, parce qu'il se recrute dans les races les plus diverses, parce que le travail y est divisé à l'infini, les individus qui le composent sont tellement différents les uns des autres qu'il n'y a presque plus rien de commun entre eux, sauf leur qualité d'homme en général. Ils ne peuvent donc garder l'homogénéité indispensable à tout *consensus* social qu'à condition d'être aussi semblables que possible par le seul côté où ils se ressemblent tous, c'est-à-dire en tant qu'ils sont tous des êtres humains. En d'autres termes, dans des sociétés aussi différenciées, il ne peut guère y avoir d'autre type collectif que le type générique de l'homme. Qu'il vienne à perdre quelque chose de sa généralité, qu'il se laisse entamer par quelque retour de l'ancien particularisme, et l'on verra ces grands États se résoudre en une multitude de petits groupes parcellaires et se décomposer. Ainsi notre idéal pédagogique s'explique par notre structure sociale, tout comme celui des Grecs et des Romains ne pouvait se comprendre que par l'organisation de la cité. Si notre éducation moderne n'est plus étroitement nationale, c'est dans la constitution des nations modernes qu'il faut en aller chercher la raison.

Ce n'est pas tout. Non seulement c'est la société qui a élevé le type humain à la dignité de modèle que l'éducateur doit s'efforcer de reproduire, mais c'est elle encore qui le construit et elle le construit suivant ses besoins. Car c'est une erreur de penser qu'il soit tout entier donné dans la constitution naturelle de l'homme, qu'il n'y ait qu'à l'y découvrir par une observation méthodique, sauf à l'embellir ensuite par l'imagination en portant par la pensée à leur plus haut développement tous les germes qui s'y trouvent. L'homme que l'éducation doit réaliser en nous, ce n'est pas l'homme tel que la nature l'a fait, mais tel que la société veut qu'il soit ; et elle le veut tel que le réclame son économie intérieure. Ce qui le prouve, c'est la manière dont notre conception de l'homme a varié suivant les sociétés. Car les anciens, eux aussi, croyaient faire de leurs enfants des hommes, tout comme nous. S'ils se refusaient à voir leur semblable dans l'étranger, c'est présisément parce qu'à leurs yeux l'éducation de la cité pouvait seule faire des êtres vraiment et proprement humains. Seulement ils concevaient l'humanité à leur manière qui n'est plus la nôtre. Tout changement un peu important dans l'organisation d'une société a pour contre-coup un changement de même importance dans l'idée que l'homme se fait de lui-même. Que, sous la pression de la concurrence accrue, le travail social se divise davantage, que la spécialisation de chaque travailleur soit, à la fois, plus marquée et plus précoce, le cercle des choses que comprend l'éducation commune devra nécessairement se restreindre et, par suite, le type humain s'appauvrira en caractères. Naguère, la culture littéraire était considérée comme un élément essentiel de toute culture humaine ; et voilà que nous approchons d'un temps où elle ne sera peut-être plus elle-même qu'une spécialité. De même, s'il existe une hiérarchie reconnue entre nos facultés, s'il en est auxquelles nous attribuons une sorte de précellence et que nous devons, pour cette raison, développer plus que les autres, ce n'est pas que cette dignité leur soit intrinsèque ; ce n'est pas que la nature elle-même leur ait, de toute éternité, assigné ce rang éminent ; mais c'est qu'elles ont pour la société une plus haute valeur. Aussi, comme l'échelle de ces valeurs change nécessairement avec les sociétés, cette hiérarchie n'est jamais restée la même à deux moments différents de l'histoire. Hier, c'était le courage qui était au premier plan, avec toutes les facultés qu'implique la vertu militaire ; aujourd'hui, c'est la pensée et c'est la réflexion ; demain, ce sera peut-être la finesse du goût, la sensibilité aux choses de l'art. Ainsi, dans le présent comme dans le passé, notre idéal pédagogique est, jusque dans ses détails, l'œuvre de la société. C'est elle qui nous trace le portrait de l'homme que nous devons être, et dans ce portrait viennent se refléter toutes les particularités de son organisation.

II

En résumé, bien loin que l'éducation ait pour objet unique ou principal l'individu et ses intérêts, elle est avant tout le moyen par lequel la société renouvelle perpétuellement les conditions de sa propre existence. La société ne peut vivre que s'il existe entre ses membres une suffisante homogénéité ? L'éducation perpétue et renforce cette homogénéité en fixant d'avance dans l'âme de l'enfant les similitudes essentielles que suppose la vie collective. Mais, d'un autre côté, sans une certaine diversité, toute coopération serait impossible ? L'éducation assure la persistance de cette diversité nécessaire en se diversifiant elle-même et en se spécialisant. Elle consiste donc, sous l'un ou l'autre de ses aspects, en une socialisation méthodique de la jeune génération. En chacun de nous, peut-on dire, il existe deux êtres, qui, pour être inséparables autrement que par abstraction, ne laissent pas d'être distincts. L'un est fait de tous les états mentaux qui ne se rapportent qu'à nous-même et aux événements de notre vie personnelle. C'est ce qu'on pourrait appeler l'être individuel. L'autre est un système d'idées, de sentiments, d'habitudes qui expriment en nous, non pas notre personnalité, mais le groupe ou les groupes différents dont nous faisons partie; telles sont les croyances religieuses, les croyances et les pratiques morales, les traditions nationales ou professionnelles, les opinions collectives de toute sorte. Leur ensemble forme l'être social. Constituer cet être en chacun de nous, telle est la fin de l'éducation.

C'est par là, d'ailleurs, que se montre le mieux l'importance de son rôle et la fécondité de son action. En effet, non seulement cet être social n'est pas donné tout fait dans la constitution primitive de l'homme, mais il n'en est pas résulté par un développement spontané. Spontanément, l'homme n'était pas enclin à se soumettre à une autorité politique, à respecter une discipline morale, à se dévouer, à se sacrifier. Il n'y avait rien dans notre nature congénitale qui nous prédisposât à devenir les serviteurs de divinités, emblêmes symboliques de la société, à leur rendre un culte, à nous priver pour leur faire honneur. C'est la société elle-même qui, à mesure qu'elle s'est formée et consolidée, a tiré de son propre sein ces grandes forces morales devant lesquelles l'homme a senti son infériorité. Or, si l'on fait abstraction des vagues et incertaines tendances qui peuvent être dues à l'hérédité, l'enfant, en entrant dans la vie, n'y apporte que sa nature d'individu. La société se trouve donc, pour ainsi dire, à chaque génération nouvelle, en présence d'une table presque rase sur laquelle il lui faut construire à nouveaux frais. Il faut que, par les voies les plus rapides, à l'être égoïste et social qui vient de naître, elle en surajoute un autre, capable de mener une vie sociale et morale. Voilà quelle est l'œuvre de l'éducation et vous en apercevez toute la grandeur. Elle ne se borne pas à développer l'organisme individuel dans le sens marqué par la nature, à rendre apparentes des puissances cachées qui ne demandaient qu'à se révéler. Elle crée dans l'homme un homme nouveau et cet homme est fait de tout ce qu'il y a de meilleur en nous, de tout ce qui donne du prix et de la dignité à la vie. Cette vertu créatrice est, d'ailleurs, un privilège spécial de l'éducation humaine. Tout autre est celle que reçoivent les animaux, si l'on peut appeler de ce nom l'entraînement progressif auquel ils sont soumis de la part de leurs parents. Elle peut bien presser le développement de certains instincts qui sommeillent dans l'animal ; mais elle ne l'initie pas à une vie nouvelle. Elle facilite le jeu des fonctions naturelles ; mais elle ne crée rien. Instruit par sa mère, le petit sait plus vite voler ou faire son nid ; mais il n'apprend presque rien de ses parents qu'il n'eût pu découvrir par son expérience personnelle. C'est que les animaux ou vivent en dehors de tout état social ou forment des sociétés assez simples qui fonctionnent grâce à des mécanismes instinctifs que chaque individu porte en lui, tout constitués, dès sa naissance. L'éducation ne peut donc rien ajouter d'essentiel à la nature, puisque celle-ci suffit à tout, à la vie du groupe comme à celle de l'individu. Au contraire, chez l'homme, les aptitudes de toute sorte que suppose la vie sociale sont beaucoup trop complexes pour pouvoir s'incarner, en quelque sorte, dans nos tissus, se matérialiser sous la forme de prédispositions organiques. Il s'ensuit qu'elles ne peuvent se transmettre d'une génération à l'autre par la voie de l'hérédité. C'est par l'éducation que se fait la transmission.

Une cérémonie que l'on rencontre dans une multitude de sociétés met bien en évidence ce trait distinctif de l'éducation humaine et montre même que l'homme en a eu très tôt le sentiment. C'est la cérémonie de l'initiation. Elle a lieu une fois l'éducation terminée ; généralement même, elle clôt une dernière période où les anciens parachèvent l'instruction du jeune homme en lui révélant les croyances les plus fondamentales et les rites les plus sacrés de la tribu. Une fois qu'elle est accomplie, le sujet qui l'a subie prend rang dans la société ; il quitte les femmes au milieu desquelles s'était passée toute son enfance ; il a désormais sa place marquée parmi les guerriers ; en même temps, il prend conscience de son sexe dont il a dès lors tous les droits et tous les devoirs. Il est devenu un homme et un citoyen. Or, c'est une croyance universellement répandue chez tous ces peuples que l'initié, par le fait même de l'initiation, est devenu un homme entièrement nouveau ; il change de personnalité, il prend un autre nom, et l'on sait que le nom n'est pas alors considéré comme un simple signe verbal, mais comme un élément essentiel de la personne. L'initiation est considérée comme une seconde naissance. Cette transformation, l'esprit primitif se la représente symboliquement en imaginant qu'un principe spirituel, une sorte de nouvelle âme, est venu s'incarner dans l'individu. Mais si l'on écarte de cette croyance les formes mythiques dans lesquelles elle s'enveloppe, ne trouve-t-on pas sous le symbole cette idée, obscurément entrevue, que l'éducation a eu pour effet de créer dans l'homme un être nouveau ? C'est l'être social.

Cependant, dira-t-on, si l'on peut concevoir en effet que les qualités proprement morales, parce qu'elles imposent à l'individu des privations, parce qu'elles gênent ses mouvements naturels, ne peuvent être suscitées en nous que sous une action venue du dehors, n'y en a-t-il pas d'autres que tout homme est intéressé à acquérir et recherche spontanément ? Telles sont les qualités diverses de l'intelligence qui lui permettent de mieux approprier sa conduite à la nature des choses. Telles sont aussi les qualités physiques, et tout ce qui contribue à la vigueur et à la santé de l'organisme. Pour celles-là, tout au moins, il semble que l'éducation, en les développant, ne fasse qu'aller au-devant du développement même de la nature, que mener l'individu à un état de perfection relative vers laquelle il tend de lui-même, bien qu'il y atteigne plus rapidement grâce au concours de la société. — Mais ce qui montre bien, malgré les apparences, qu'ici comme

ailleurs l'éducation répond avant tout à des nécessités externes, c'est-à-dire sociales, c'est qu'il est
des sociétés où ces qualités n'ont pas été cultivées
du tout et qu'en tout cas elles ont été entendues
très différemment selon les sociétés. Il s'en faut
que les avantages d'une solide culture intellectuelle
aient été reconnus par tous les peuples. La science,
l'esprit critique, que nous mettons aujourd'hui si
haut, ont été pendant longtemps tenus en suspicion.
Ne connaissons-nous pas une grande doctrine qui
proclame heureux les pauvres d'esprit ? Et il faut
se garder de croire que cette indifférence pour le
savoir ait été artificiellement imposée aux hommes
en violation de leur nature. D'eux-mêmes, ils n'a-
vaient alors aucun désir de la science, tout simplement parce que les sociétés dont ils faisaient partie
n'en sentaient aucunement la nécessité. Pour pouvoir vivre, elles avaient avant tout besoin de traditions fortes et respectées. Or la tradition n'éveille
pas, mais tend plutôt à exclure, la pensée et la réflexion. Il n'en est pas autrement des qualités physiques. Que l'état du milieu social incline la conscience publique vers l'ascétisme, et l'éducation
physique sera spontanément rejetée au dernier plan.
C'est un peu ce qui s'est produit dans les écoles du
moyen âge. De même, suivant les courants de l'o-
pinion, cette même éducation sera entendue dans
les sens les plus différents. A Sparte, elle avait surtout pour objet d'endurcir les membres à la fatigue;
à Athènes, elle était un moyen de faire des corps

beaux à la vue ; au temps de la chevalerie, on lui demandait de former des guerriers agiles et souples ; de nos jours, elle n'a plus qu'un but hygiénique et se préoccupe surtout de contenir les dangereux effets d'une culture intellectuelle trop intense. Ainsi, même ces qualités qui paraissent, au premier abord, si spontanément désirables, l'individu ne les recherche que quand la société l'y invite, et il les recherche de la façon qu'elle lui prescrit.

Vous voyez à quel point la psychologie toute seule est une ressource insuffisante pour le pédagogue. Non seulement, comme je vous le montrais tout d'abord, c'est la société qui trace à l'individu l'idéal qu'il doit réaliser par l'éducation, mais encore, dans la nature individuelle, il n'y a pas de tendances déterminées, pas d'états définis qui soient comme une première aspiration vers cet idéal, qui en puissent être regardés comme la forme intérieure et anticipée. Ce n'est pas sans doute qu'il n'existe en nous des aptitudes très générales sans lesquelles il serait évidemment irréalisable. Si l'homme peut apprendre à se sacrifier, c'est qu'il n'est pas incapable de sacrifice ; s'il a pu se soumettre à la discipline de la science, c'est qu'il n'y était pas impropre. Par cela seul que nous faisons partie intégrante de l'univers, nous tenons à autre chose que nous-même ; il y a ainsi en nous une première impersonnalité qui prépare au désintéressement. De même, par cela seul que nous pensons, nous avons une certaine inclination à connaître. Mais entre ces vagues et confuses prédispositions, mêlées d'ailleurs à toute sorte de prédispositions contraires, et la forme si définie et si particulière qu'elles prennent sous l'action de la société, il y a un abîme. Il est impossible à l'analyse même la plus pénétrante de percevoir par avance dans ces germes indistincts ce qu'ils sont appelés à devenir une fois que la collectivité les a fécondés. Car celle-ci ne se borne pas à leur donner un relief qui leur manquait ; elle leur ajoute quelque chose. Elle leur ajoute son énergie propre et, par cela même, elle les transforme et en tire des effets qui n'y étaient pas primitivement contenus. Ainsi, quand même la conscience individuelle n'aurait plus pour nous de mystère, quand même la psychologie serait une science achevée, elle ne saurait renseigner l'éducateur sur le but qu'il doit poursuivre. Seule, la sociologie peut, soit nous aider à le comprendre, en le rattachant aux états sociaux dont il dépend et qu'il exprime, soit nous aider à le découvrir, quand la conscience publique, troublée et incertaine, ne sait plus quel il doit être.

III

Mais, si le rôle de la sociologie est prépondérant dans la détermination des fins que l'éducation doit poursuivre, a-t-elle la même importance pour ce qui regarde le choix des moyens ?

Ici il est incontestable que la psychologie reprend ses droits. Si l'idéal pédagogique exprime avant

tout des nécessités sociales, ils ne peut cependant
se réaliser que dans et par des individus. Pour qu'il
soit autre chose qu'une simple conception de l'esprit, une vaine injonction de la société à ses membres, il faut trouver le moyen d'y conformer la
conscience de l'enfant. Or la conscience a ses lois
propres qu'il faut connaître pour pouvoir la modifier, si du moins on veut s'épargner les tâtonnements empiriques que la pédagogie a précisément
pour objet de réduire au minimum. Pour pouvoir
exciter l'activité à se développer dans une direction
déterminée, encore faut-il savoir quels sont les ressorts qui la meuvent et quelle est leur nature ; car
c'est à cette condition qu'il sera possible d'y appliquer, en connaissance de cause, l'action qui convient. S'agit-il, par exemple, d'éveiller ou l'amour
de la patrie, ou le sens de l'humanité? Nous saurons d'autant mieux tourner la sensibilité morale
de nos élèves dans l'un ou l'autre sens que nous
aurons des notions plus complètes et plus précises
sur l'ensemble de phénomènes que l'on appelle
tendances, habitudes, désirs, émotions, etc., sur les
conditions diverses dont ils dépendent, sur la forme
qu'ils présentent chez l'enfant. Suivant que l'on
voit dans les tendances un produit des expériences
agréables ou désagréables qu'a pu faire l'espèce,
ou bien, au contraire, un fait primitif, antérieur
aux états affectifs qui en accompagnent le fonctionnement, on devra s'y prendre de manières très
différentes pour en régler le développement. Or

c'est à la psychologie et, plus spécialement, à la psychologie infantile qu'il appartient de résoudre ces questions. Si donc elle est incompétente pour fixer la fin, ou plutôt les fins de l'éducation, il n'est pas douteux qu'elle n'ait un rôle utile à jouer dans la constitution des méthodes. Même, comme aucune méthode ne peut s'appliquer de la même manière aux différents enfants, c'est encore la psychologie qui devrait nous aider à nous reconnaître au milieu de la diversité des intelligences et des caractères. On sait malheureusement que nous sommes encore loin du moment où elle sera vraiment en état de satisfaire à ce *desideratum*.

Il ne saurait donc être question de méconnaître les services que peut rendre à la pédagogie la science de l'individu, et nous saurons lui faire sa part. Et cependant, même dans ce cercle de problèmes où elle peut utilement éclairer le pédagogue, il s'en faut qu'elle puisse se passer du concours de la sociologie.

D'abord, parce que les fins de l'éducation sont sociales, les moyens par lesquels ces fins peuvent être atteintes doivent nécessairement avoir le même caractère. Et, en effet, parmi toutes les institutions pédagogiques, il n'en est peut-être pas une qui ne soit l'analogue d'une institution sociale dont elle reproduit, sous une forme réduite et comme en raccourci, les traits principaux. Il y a une discipline à l'école comme dans la cité. Les règles qui fixent à l'écolier ses devoirs sont comparables à celles qui prescrivent à l'homme fait sa conduite. Les peines et les récompenses qui sont attachées aux premières ne sont pas sans ressembler aux peines et aux récompenses qui sanctionnent les secondes. Nous enseignons aux enfants la science faite? Mais la science qui se fait s'enseigne elle aussi. Elle ne reste pas renfermée dans le cerveau de ceux qui la conçoivent, mais elle ne devient vraiment agissante qu'à condition de se communiquer aux autres hommes. Or cette communication, qui met en œuvre tout un réseau de mécanismes sociaux, constitue un enseignement qui, pour s'adresser à l'adulte, ne diffère pas en nature de celui que l'élève reçoit de son maître. Ne dit-on pas d'ailleurs que les savants sont des maîtres pour leurs contemporains et ne donne-t-on pas le nom d'écoles aux groupes qui se forment autour d'eux[1]? On pourrait multiplier les exemples. C'est qu'en effet, comme la vie scolaire n'est que le germe de la vie sociale, comme celle-ci n'est que la suite et l'épanouissement de celle-là, il est impossible que les principaux procédés par lesquels l'une fonctionne ne se retrouvent pas dans l'autre. On peut donc s'attendre à ce que la sociologie, science des institutions sociales, nous aide à comprendre ce que sont ou à conjecturer ce que doivent être les institutions pédagogiques. Mieux nous connaîtrons la société, mieux nous pourrons nous rendre compte de tout ce qui se passe dans ce microcosme social qu'est

1. V. Willmann, *op. cit.*, I, p. 40.

l'école. Au contraire, vous voyez avec quelle prudence et quelle mesure, même quand il s'agit de la détermination des méthodes, il convient d'utiliser les données de la psychologie. A elle seule, elle ne saurait nous fournir les éléments nécessaires à la construction d'une technique qui, par définition, a son prototype, non dans l'individu, mais dans la collectivité.

D'ailleurs, les états sociaux dont dépendent les fins pédagogiques ne bornent pas là leur action. Ils affectent aussi la conception des méthodes : car la nature du but implique en partie celle des moyens. Que la société, par exemple, s'oriente dans un sens individualiste, et tous les procédés d'éducation qui peuvent avoir pour effet de faire violence à l'individu, de méconnaître sa spontanéité interne, apparaîtront comme intolérables et seront réprouvés. Au contraire, que, sous la pression de circonstances durables ou passagères, elle ressente le besoin d'imposer à tous un conformisme plus rigoureux, tout ce qui peut provoquer outre mesure l'initiative de l'intelligence sera proscrit. En fait, toutes les fois où le système des méthodes éducatives a été profondément transformé, c'est sous l'influence de quelqu'un de ces grands courants sociaux dont l'action s'est fait sentir sur toute l'étendue de la vie collective. Ce n'est pas à la suite de découvertes psychologiques que la Renaissance a opposé tout un ensemble de méthodes nouvelles à celles que pratiquait le Moyen Age. Mais c'est que, par

suite des changements survenus dans la structure
des sociétés européennes, une nouvelle conception
de l'homme et de sa place dans le monde avait fini
par se faire jour. De même, les pédagogues qui, à
la fin du xviiie siècle ou au commencement du xixe,
entreprirent de substituer la méthode intuitive à
la méthode abstraite, étaient avant tout l'écho des
aspirations de leur temps. Ni Basedow, ni Pestalozzi, ni Frœbel n'étaient de bien grands psycho-
logues. Ce qu'exprime surtout leur doctrine, c'est
ce respect pour la liberté intérieure, cette horreur
pour toute compression, cet amour de l'homme et,
par suite, de l'enfant qui sont à la base de notre
individualisme moderne.

Ainsi, sous quelque aspect que l'on considère
l'éducation, elle se présente partout à nous avec le
même caractère. Qu'il s'agisse des fins qu'elle poursuit ou des moyens qu'elle emploie, c'est à des
nécessités sociales qu'elle répond ; ce sont des idées
et des sentiments collectifs qu'elle exprime. Sans
doute, l'individu lui-même y trouve son profit.
N'avons-nous pas expressément reconnu que nous
devons à l'éducation le meilleur de nous-même ?
Mais c'est que ce meilleur de nous-même est d'origine sociale. C'est donc toujours à l'étude de la
société qu'il en faut revenir ; c'est là seulement que
le pédagogue peut trouver les principes de sa spéculation. La psychologie pourra bien lui indiquer
quelle est la meilleure manière de s'y prendre pour

appliquer à l'enfant ces principes une fois posés, elle ne pourra guère nous les faire découvrir.

J'ajoute en terminant que s'il fut jamais un temps et un pays où le point de vue sociologique se soit imposé d'une façon particulièrement urgente aux pédagogues, c'est certainement notre pays et notre temps. Quand une société se trouve dans un état de stabilité relative, d'équilibre temporaire, comme, par exemple, la société française au XVIIe siècle; quand, par suite, un système d'éducation s'est établi qui, pour un temps également, n'est contesté de personne, les seules questions pressantes qui se posent sont des questions d'application. Aucun doute grave ne s'élève ni sur le but à atteindre, ni sur l'orientation générale des méthodes; il ne peut donc y avoir de controverse que sur la meilleure manière de les mettre en pratique, et ce sont des difficultés que la psychologie peut résoudre. Je n'ai pas à vous apprendre que cette sécurité intellectuelle et morale n'est pas de notre siècle; c'est à la fois sa misère et sa grandeur. Les transformations profondes qu'ont subies ou que sont en train de subir les sociétés contemporaines nécessitent des transformations correspondantes dans l'éducation nationale. Mais si nous sentons bien que des changements sont nécessaires, nous savons mal ce qu'ils doivent être. Quelles que puissent être les convictions particulières des individus ou des partis, l'opinion publique reste indécise et anxieuse. Le problème pédagogique ne se pose donc pas pour nous avec la même sérénité que pour les hommes du xviie siècle. Il ne s'agit plus de mettre en œuvre des idées acquises, mais de trouver des idées qui nous guident. Comment les découvrir si nous ne remontons pas jusqu'à la source même de la vie éducative, c'est-à-dire jusqu'à la société ? C'est donc la société qu'il faut interroger, ce sont ses besoins qu'il faut connaître, puisque ce sont ses besoins qu'il faut satisfaire. Se borner à regarder au dedans de nous-même, ce serait détourner nos regards de la réalité même qu'il nous faut atteindre ; ce serait nous mettre dans l'impossibilité de rien comprendre au mouvement qui entraîne le monde autour de nous et nous-même avec lui. Je ne crois donc pas obéir à un simple préjugé ni céder à un amour immodéré pour une science que j'ai cultivée toute ma vie, en disant que jamais une culture sociologique n'a été plus nécessaire à l'éducateur. Ce n'est pas que la sociologie puisse nous mettre en main des procédés tout faits et dont il n'y ait plus qu'à se servir. En est-il, d'ailleurs, de cette sorte ? Mais elle peut plus et elle peut mieux. Elle peut nous donner ce dont nous avons le plus instamment besoin, je veux dire un corps d'idées directrices qui soient l'âme de notre pratique et qui la soutiennent, qui donnent un sens à notre action, et qui nous y attachent ; ce qui est la condition nécessaire pour que cette action soit féconde.

IV

L'ÉVOLUTION ET LE ROLE
DE L'ENSEIGNEMENT SECONDAIRE
EN FRANCE[1]

1. Mon rôle, Messieurs, n'est pas de vous enseigner la technique de votre métier : elle ne peut s'apprendre que par l'usage et c'est par l'usage que vous l'apprendrez l'an prochain[2]. Mais une technique, quelle qu'elle soit, dégénère vite en un vulgaire empirisme, si celui qui s'en sert n'a jamais été mis à même de réfléchir au but qu'elle poursuit et

1. Cette leçon d'ouverture avait été précédée d'une première séance où M. le Recteur Liard, M. Lavisse, M. Langlois, directeur du Musée pédagogique, avaient mis les étudiants au courant des mesures prises pour organiser leur préparation professionnelle. L'allocution de M. Langlois a paru dans la *Revue Bleue*, n° du 25 novembre 1905.

2. Pendant leur seconde année de préparation, les candidats à l'agrégation font un stage dans les lycées de Paris.

aux moyens qu'elle emploie. Tourner votre réflexion vers les choses de l'enseignement et vous apprendre à l'y appliquer avec méthode, voilà précisément quelle sera ma tâche. Un enseignement pédagogique doit, en effet, se proposer, non de communiquer au futur praticien un certain nombre de procédés et de recettes, mais de lui donner une pleine conscience de sa fonction.

Mais, précisément parce que cet enseignement a nécessairement un caractère théorique, certains doutent qu'il puisse être utile. Ce n'est pas qu'on aille jusqu'à soutenir que la routine puisse se suffire et que la tradition n'ait pas besoin d'être guidée par une réflexion informée et avertie. En un temps où, dans toutes les sphères de l'activité humaine, on voit la science, la théorie, la spéculation, c'est-à-dire en somme la réflexion, pénétrer de plus en plus la pratique et l'éclairer, il serait par trop étrange que, seule, l'activité de l'éducateur fît exception. Sans doute, il est permis de critiquer sévèrement l'emploi que trop de pédagogues ont fait de leur raison ; on peut légitimement trouver que leurs systèmes, si artificiels, si abstraits, si pauvres au regard de la réalité, sont sans grande utilité pratique. Pourtant, ce n'est pas un motif suffisant pour proscrire à tout jamais la réflexion pédagogique et la déclarer sans raison d'être ; et on reconnaît en effet volontiers que la conclusion serait excessive. Seulement on estime que, par une véritable grâce d'état, le professeur de lycée n'a pas besoin d'être spécialement entraîné et exercé à cette forme particulière de réflexion. Passe encore, dit-on, pour les maîtres de nos écoles primaires ! En raison de la culture plus limitée qu'ils ont reçue, il peut être nécessaire de les provoquer à méditer sur leur profession, de leur expliquer les raisons des méthodes qu'ils emploient, afin qu'ils puissent s'en servir avec discernement. Mais avec un maître de l'enseignement secondaire dont l'esprit a été, au lycée d'abord, puis à l'Université, aiguisé de toutes les manières, rompu à toutes les hautes disciplines, toutes ces précautions ne sont que du temps perdu. Qu'on le mette en face de ses élèves, et aussitôt la puissance de réflexion qu'il a acquise au cours de ses études s'appliquera naturellement à sa classe, alors même qu'elle n'aurait été soumise à aucune éducation préalable.

Il y a pourtant un fait qui ne paraît guère témoigner en faveur de cette aptitude native que l'on prête au professeur de lycée pour la réflexion professionnelle. Dans toutes les formes de la conduite humaine où la réflexion s'introduit, on voit, au fur et à mesure qu'elle s'y développe, la tradition devenir plus malléable et plus accessible aux nouveautés. La réflexion, en effet, est l'antagoniste naturelle, l'ennemie née de la routine. Elle seule peut empêcher les habitudes de se prendre sous une forme immuable, rigide, qui les soustraie au changement ; elle seule peut les tenir en haleine, les entretenir dans l'état de souplesse et de flexibilité nécessaires pour qu'elles puissent varier, évoluer, s'adapter à la diversité et à la mobilité des circonstances et des milieux. Inversement, moindre est la part de la réflexion, plus grande est celle de l'immobilisme. Or il se trouve que l'enseignement secondaire se fait remarquer, non par un appétit immodéré de nouveautés, mais par un véritable misonéisme. Nous verrons, en effet, comment en France, alors que tout a changé, alors que le régime politique, économique, moral, s'est transformé, il y a eu cependant quelque chose qui est resté relativement immuable : ce sont les conceptions pédagogiques qui sont à la base de ce qu'on est convenu d'appeler l'enseignement classique. Sauf quelques additions qui ne touchaient pas au fond des choses, les hommes de ma génération ont encore été élevés d'après un idéal qui ne différait pas sensiblement de celui dont s'inspiraient les collèges de Jésuites au temps du grand Roi. Il n'y a vraiment rien là qui permette de penser que l'esprit de critique et d'examen ait joué dans notre vie scolaire un rôle bien considérable.

C'est qu'en effet il n'est pas vrai qu'on soit apte à réfléchir sur un ordre déterminé de faits, par cela seul qu'on a l'occasion d'exercer sa réflexion dans un cercle de choses différentes. Nombreux sont les grands savants, qui ont illustré leur science, et qui pourtant, pour tout ce qui est en dehors de leur spécialité, sont comme des enfants. Ces hardis novateurs se comportent, par ailleurs, comme de simples routiniers qui ne pensent ni n'agissent autrement que le vulgaire ignorant. La raison en est que les préjugés qui entravent l'essor de la réflexion diffèrent selon l'ordre de choses auquel ils se rapportent ; il peut donc se faire que les uns aient cédé, alors que les autres gardent toute leur force de résistance, qu'un même esprit se soit libéré sur un point, alors que sur l'autre il reste en servitude. J'ai connu un très grand historien, dont je garde fidèlement et respectueusement le souvenir, et qui, en matière d'enseignement, en était resté, ou peu s'en faut, à l'idéal de Rollin. D'ailleurs, chaque catégorie de faits demande à être réfléchie à sa façon, d'après les méthodes qui lui sont propres ; et ces méthodes ne s'improvisent pas, mais doivent s'apprendre. Il ne suffit donc pas d'avoir réfléchi aux finesses des langues mortes, ou aux lois des mathématiques, ou aux événements de l'histoire soit ancienne, soit moderne, pour être *ipso facto* en état et en disposition de réfléchir méthodiquement aux choses de l'enseignement. Mais cette forme déterminée de réflexion constitue une spécialité qui réclame une initiation préalable ; la suite de ce cours en sera la preuve.

2. Non seulement rien ne justifie le privilège que l'on entend conférer ainsi aux maîtres de l'enseignement secondaire ; non seulement on ne voit pas pourquoi il serait inutile d'éveiller chez eux la réflexion pédagogique par une culture appropriée,

mais, sous certains rapports, elle leur est plus indispensable qu'à d'autres.

En premier lieu, l'enseignement secondaire est
un organisme autrement complexe que ne l'est l'enseignement primaire. Or, plus un être est complexe
et vit une vie complexe, plus il a besoin de réflexion
pour pouvoir se conduire. Dans une école élémentaire, chaque classe, au moins en principe, est entre
les mains d'un seul et unique maître ; par suite,
l'enseignement qu'il donne se trouve avoir une
unité toute naturelle et très simple ; c'est l'unité
même de la personne qui enseigne. Comme elle a
sous les yeux la totalité de l'enseignement, il lui est
relativement facile de faire à chaque discipline sa
part, de les ajuster les unes aux autres et de les
faire toutes concourir à une même fin. Mais il en est
tout autrement au lycée, où les divers enseignements, reçus simultanément par un même élève,
sont généralement donnés par des maîtres différents. Ici, il existe une véritable division du travail
pédagogique et qui croît tous les jours davantage,
modifiant la vieille physionomie de nos lycées et
soulevant une grave question dont nous aurons à
nous occuper un jour. Par quel miracle l'unité
pourrait-elle résulter de cette diversité ? Comment
ces enseignements pourraient-ils s'accorder les uns
avec les autres, se compléter de manière à former
un tout, si ceux qui les donnent n'ont pas le sentiment de ce tout et de la manière dont chacun y
doit concourir. Bien que nous ne soyons pas ac-

tuellement en état de définir le but de l'enseignement secondaire — question qui ne pourra venir
utilement qu'à la fin du cours — cependant nous
pouvons bien dire qu'au lycée il ne s'agit de faire
ni un mathématicien, ni un littérateur, ni un na-
turaliste, ni un historien, mais de former un esprit
au moyen des lettres, de l'histoire, des mathématiques, etc. Mais comment chaque maître pourra-t-il
s'acquitter de sa fonction, de la part qui lui revient
dans l'œuvre totale, s'il ne sait pas quelle est cette
œuvre, comment ses divers collaborateurs y concourent avec lui, de manière que ses efforts rejoi-
gnent les leurs ?

Très souvent, il est vrai, on raisonne comme si
tout cela allait de soi, comme si cette fin commune
n'avait rien d'obscur, comme si tout le monde
savait ce que c'est que former un esprit. Mais, en
réalité, cette vague formule est vide de tout contenu positif ; et c'est pourquoi je pouvais l'employer
tout à l'heure sans rien préjuger des résultats que
donneront nos recherches ultérieures. Tout ce qu'elle
énonce, c'est qu'il ne faut pas spécialiser les esprits ;
mais elle ne nous apprend pas pour autant sur
quel modèle il faut les former. La manière dont
on formait un esprit au xviie siècle ne saurait
convenir aujourd'hui ; on forme aussi un esprit
à l'école primaire, mais autrement qu'au lycée.
Tant donc que les maîtres n'auront pour centre
de ralliement que des adages aussi imprécis,
il est inévitable que leurs efforts se dispersent

et se paralysent par suite de cette dispersion.

Et c'est trop souvent ce spectacle que nous donne l'enseignement de nos lycées. Chacun y professe sa spécialité comme si elle était une fin en soi, alors qu'elle n'est qu'un moyen en vue d'une fin à laquelle elle devrait être, à tout moment, rapportée. Au temps où j'enseignais dans les lycées, un ministre, pour lutter contre ce morcellement anarchique, institua des assemblées mensuelles où tous les professeurs d'un même établissement devaient venir s'entretenir des questions qui leur sont communes. Hélas ! ces assemblées ne furent jamais que de vaines formalités. Nous nous y rendions avec déférence, mais nous pûmes constater bien vite que nous n'avions rien à nous dire, parce que tout objectif commun nous faisait défaut. Comment en serait-il autrement tant que, à l'Université, chaque groupe d'étudiants reçoit son enseignement préféré dans une sorte de compartiment étanche ? Le seul moyen de prévenir cet état de division, c'est d'amener tous ces collaborateurs de demain à se réunir et à penser en commun à leur tâche commune. Il faut qu'à un moment donné de leur préparation, ils soient mis à même d'embrasser du regard, dans toute son étendue, le système scolaire à la vie duquel ils seront appelés à participer ; il faut qu'ils voient ce qui en fait l'unité, c'est-à-dire quel idéal il a pour fonction de réaliser, et comment toutes les parties qui le composent doivent concourir à ce but final. Or, cette initiation ne peut se faire qu'au moyen d'un enseignement, dont je déterminerai tout à l'heure le plan et la méthode.

3. Mais il y a plus. L'enseignement secondaire se trouve aujourd'hui dans des conditions très spéciales qui rendent cette culture exceptionnellement urgente. Depuis la seconde moitié du xviiie siècle, il traverse une crise très grave qui n'est pas encore parvenue à son dénouement. Tout le monde se rend compte qu'il ne peut pas rester ce qu'il a été dans le passé : mais on ne voit pas avec la même clarté ce qu'il est appelé à devenir. De là ces réformes qui, depuis près d'un siècle, se succèdent périodiquement, attestant, à la fois, la difficulté et l'urgence du problème. Certes, on ne pourrait, sans injustice, méconnaître l'importance des résultats obtenus : l'ancien système s'est ouvert à des idées nouvelles ; un système nouveau est en train de se constituer qui paraît plein de jeunesse et d'ardeur. Mais est-il excessif de dire qu'il se cherche encore, qu'il n'a de lui-même qu'une conscience encore incertaine, et que le premier s'est tempéré par d'heureuses concessions beaucoup plus qu'il ne s'est renouvelé ? Un fait rend particulièrement sensible le désarroi où sont, sur ce point, nos idées. A toutes les périodes antérieures de notre histoire, on pouvait définir d'un mot l'idéal que les éducateurs se proposaient de réaliser chez les enfants. Au Moyen Age, le maître de la Faculté des arts voulait avant tout faire de ses élèves des dialecticiens. Après la

Renaissance, les Jésuites et les régents de nos collèges universitaires se donnèrent comme but de faire des *humanistes*. Aujourd'hui, toute expression manque pour caractériser l'objectif que doit poursuivre l'enseignement de nos lycées; c'est que cet objectif, nous ne voyons que bien confusément quel il doit être.

Et qu'on ne croie pas résoudre la difficulté, en disant que notre devoir est tout simplement de faire de nos élèves des hommes ! La solution est toute verbale; car il s'agit précisément de savoir quelle idée nous devons nous faire de l'homme, nous, Européens, ou, plus spécialement encore, nous, Français du xxe siècle. Chaque peuple a, à chaque moment de son histoire, sa conception propre de l'homme; le Moyen Age a eu la sienne, la Renaissance a eu la sienne, et la question est de savoir quelle doit être la nôtre. Cette question, d'ailleurs, n'est pas spéciale à notre pays. Il n'est pas de grand État européen où elle ne se posé et dans des termes presque identiques. Partout, pédagogues et hommes d'État ont conscience que les changements survenus dans l'organisation matérielle et morale des sociétés contemporaines nécessitent des transformations parallèles et non moins profondes dans cette partie spéciale de notre organisme scolaire. — Pourquoi est-ce surtout dans l'enseignement secondaire que la crise sévit avec cette intensité ? C'est une question que nous aurons à examiner un jour; pour l'instant, je me borne à constater le fait, qui n'est pas contestable.

Or, pour sortir de cette ère de trouble et d'incertitude, on ne saurait compter sur la seule efficacité des arrêtés et des règlements. Quelle qu'en soit l'autorité, règlements et arrêtés ne sont jamais que des mots qui ne peuvent devenir des réalités qu'avec le concours de ceux qui sont chargés de les appliquer. Si donc vous, qui aurez pour fonction de les faire vivre, vous ne les acceptez qu'à contre-cœur, si vous les subissez sans y adhérer, ils resteront lettre morte et sans résultats utiles ; et, suivant la manière dont vous les entendrez, ils pourront produire des effets tout à fait différents ou même opposés. Ce ne sont guère que des projets dont le sort finalement dépendra toujours de vous et de votre état d'opinion. Combien il importe, par conséquent, de vous mettre en mesure de vous faire une opinion éclairée ! Tant que l'indécision sera dans les esprits, il n'est pas de décision administrative qui puisse y mettre un terme. On ne décrète pas l'idéal, il faut qu'il soit compris, aimé, voulu par tous ceux qui ont le devoir de le réaliser. Il faut, en un mot, que le grand travail de réfection et de réorganisation qui s'impose soit l'œuvre du corps même qui est appelé à se refaire et à se réorganiser. Il faut donc lui fournir tous les moyens nécessaires pour qu'il puisse prendre conscience de lui-même, de ce qu'il est, des causes qui le sollicitent à changer, de ce qu'il doit vouloir devenir. On entend sans peine que, pour obtenir un tel résultat, il ne suffit pas de dresser les futurs maîtres à la pratique de leur métier ; il faut, avant tout, provoquer de leur part un énergique effort de réflexion, qu'ils devront poursuivre dans toute la suite de leur carrière, mais qui doit commencer ici, à l'Université ; car, ici seulement, ils trouveront les éléments d'information sans lesquels leurs réflexions sur la matière ne seraient que des constructions idéologiques et des rêveries sans efficacité.

Et c'est à cette condition qu'il sera possible de réveiller, sans aucun procédé artificiel, la vie un peu languissante de notre enseignement secondaire. Car, il est impossible de se le dissimuler, par suite du désarroi intellectuel où il se trouve, incertain entre un passé qui meurt et un avenir encore indéterminé, l'enseignement secondaire ne manifeste plus la même vitalité ni la même ardeur à vivre qu'autrefois. La remarque en peut être faite librement, car elle n'implique aucune critique qui s'adresse aux personnes ; le fait qu'elle constate est le produit de causes impersonnelles. D'une part, l'ancien enthousiasme pour les lettres classiques, la foi qu'elles inspiraient sont irrémédiablement ébranlés. Certes, il ne saurait être question d'oublier le glorieux passé de l'humanisme, les services qu'il a rendus et continue même à rendre ; cependant, il est difficile de se soustraire à l'impression qu'il se survit en partie à lui-même. Mais, d'un autre côté, aucune foi nouvelle n'est encore venue remplacer celle qui disparaît. Il en résulte que le maître se demande souvent avec inquiétude à quoi il sert et où tendent ses efforts ; il ne voit pas clairement comment ses fonctions se relient aux fonctions vitales de la société. De là une certaine tendance au scepticisme, une sorte de désenchantement, un véritable malaise moral, en un mot, qui ne peut pas se développer sans danger. Un corps enseignant sans foi pédagogique, c'est un corps sans âme. Votre premier devoir et votre premier intérêt sont donc de refaire une âme au corps dans lequel vous devez entrer ; et vous seuls le pouvez. Assurément, pour vous mettre en état de remplir cette tâche, ce ne sera pas assez d'un cours de quelques mois. Ce sera à vous d'y travailler toute votre vie. Mais encore faut-il commencer par éveiller chez vous la volonté de l'entreprendre et par vous mettre entre les mains les moyens les plus nécessaires pour vous en acquitter. Tel l'objet de l'enseignement que j'inaugure aujourd'hui.

4. Vous connaissez maintenant le but que je voudrais poursuivre de concert avec vous. Je voudrais poser devant vous le problème de l'enseignement secondaire dans sa totalité et cela pour deux raisons : d'abord, pour que vous puissiez vous faire une opinion sur ce que cette culture doit devenir ; puis, pour que, de cette recherche faite en commun, se dégage un sentiment commun qui facilite votre coopération de demain. Et maintenant, le but ainsi

posé, cherchons par quelle méthode il peut être atteint.

Un système scolaire, quel qu'il soit, est formé de deux sortes d'éléments. Il y a, d'une part, tout un ensemble d'arrangements définis et stables, de méthodes établies, en un mot d'institutions ; car il y a des institutions pédagogiques, comme il y a des institutions juridiques, religieuses ou politiques. Mais, en même temps, à l'intérieur de la machine ainsi constituée, il y a des idées qui la travaillent et qui la sollicitent à changer. Sauf peut-être à de rares moments d'apogée et de stationnement, il y a toujours, même dans le système le plus arrêté et le mieux défini, un mouvement vers autre chose que ce qui existe, une tendance vers un idéal plus ou moins clairement entrevu. Vu du dehors, l'enseignement secondaire se présente à nous comme un ensemble d'établissements dont l'organisation matérielle et morale est déterminée ; mais, d'un autre côté, cette même organisation abrite en elle des aspirations qui se cherchent. Sous cette vie fixée, consolidée, il y a une vie en mouvement qui, pour être plus cachée, n'est point négligeable. Sous le passé qui dure, il y a toujours du nouveau qui se fait et qui tend à être. Vis-à-vis de ces deux aspects de la réalité scolaire, quelle sera notre attitude ?

Du premier, les pédagogues se désintéressent d'ordinaire. Peu leur importent ces arrangements divers que le passé nous a légués : le problème, tel qu'ils se le posent, les dispense d'y attacher aucune importance. Esprits éminemment révolutionnaires, au moins pour la plupart, la réalité présente est sans intérêt à leurs yeux ; ils ne la supportent qu'avec impatience et rêvent de s'en affranchir, pour édifier de toutes pièces un système scolaire entièrement nouveau où se réalise adéquatement l'idéal auquel ils aspirent. Dès lors, que peuvent leur faire les pratiques, les méthodes, les institutions qui existaient avant eux ? C'est vers l'avenir qu'ils ont les yeux fixés, et ils croient pouvoir l'évoquer du néant.

Mais nous savons aujourd'hui tout ce qu'il y a de chimérique et même de dangereux dans ces ardeurs d'iconoclastes. Il n'est ni possible ni désirable que l'organisation présente s'effondre en un instant ; vous aurez à y vivre et à la faire vivre. Mais, pour cela, il faut la connaître. — Et il faut la connaître aussi pour pouvoir la changer. Car les créations *ex nihilo* sont tout aussi impossibles dans l'ordre social que dans l'ordre physique. L'avenir ne s'improvise pas ; on ne peut le construire qu'avec les matériaux que nous tenons du passé. Nos innovations les plus fécondes consistent bien souvent à couler des idées nouvelles dans des moules antiques, qu'il suffit de modifier partiellement pour les mettre en harmonie avec leur nouveau contenu. De même, le meilleur moyen de réaliser un nouvel idéal pédagogique est d'utiliser l'organisation établie, sauf à la retoucher secondairement, si c'est utile, pour la plier aux fins nouvelles auxquelles elle doit servir. Que de réformes sont faciles, sans qu'il soit nécessaire de bouleverser les programmes et les cours d'études! Il suffit de savoir mettre à profit ceux qui sont en vigueur, en les animant d'un esprit nouveau. Mais, pour pouvoir se servir ainsi des institutions pédagogiques qui existent, encore faut-il ne pas ignorer en quoi elles consistent. On n'agit efficacement sur les choses que dans la mesure où l'on connaît leur nature. On ne peut bien diriger l'évolution d'un système scolaire que si l'on commence par savoir ce qu'il est, de quoi il est fait, quelles sont les conceptions qui sont à sa base, les besoins auxquels il répond, les causes qui l'ont suscité. Et ainsi toute une étude, scientifique et objective, mais dont les conséquences pratiques ne sont pas difficiles à apercevoir, apparaît comme indispensable.

Il est vrai que, d'ordinaire, cette étude ne semble pas devoir être très complexe. Comme une longue pratique nous a familiarisés avec les choses de la vie scolaire, elles nous paraissent toutes simples et de nature à ne soulever aucune question qui réclame, pour être résolue, un grand appareil de recherches. Depuis de longues années, nous avons connu, sous le nom de secondaire, un enseignement intermédiaire entre l'école primaire et l'Université; nous avons toujours vu, autour de nous, des collèges et, dans les collèges, des classes, et, par suite, nous sommes portés à croire que tous ces arrangements vont de soi et qu'il n'est pas besoin de les étudier longuement pour savoir d'où ils viennent et à quelles nécessités ils répondent. Mais dès qu'au lieu de regarder les choses dans le présent, on les considère dans l'histoire, l'illusion se dissipe. Cette hiérarchie scolaire à trois degrés n'a pas existé de tout temps, même chez nous ; elle date d'hier ; jusqu'à des temps tout récents, l'enseignement secondaire était indistinct de l'enseignement supérieur ; aujourd'hui, la solution de continuité qui le séparait de l'enseignement primaire tend à s'effacer. Les collèges, avec leur système de classes, ne remontent pas au delà du XVIe siècle et nous verrons qu'à l'époque révolutionnaire il y eut un moment où ce système disparut. Tant s'en faut qu'elles correspondent à une sorte de nécessité éternelle ! C'est donc que ces institutions tiennent, non à des besoins universels de l'homme parvenu à un certain degré de civilisation, mais à des causes définies, à des états sociaux très particuliers que, seule, l'analyse historique peut nous déceler. Or, c'est seulement dans la mesure où nous serons parvenus à les déterminer, que nous saurons vraiment ce qu'est cet enseignement. Car savoir ce qu'il est, ce n'est pas simplement en connaître la forme extérieure et superficielle ; c'est savoir quelle en est la signification, quelle place il tient, quel rôle il joue dans l'ensemble de la vie nationale.

Gardons-nous donc de croire qu'il suffit d'un peu de sens et de culture pour résoudre au pied levé des questions comme celle-ci : Qu'est-ce que l'enseignement secondaire, qu'est-ce qu'un collège, qu'est-ce qu'une classe ? Nous pouvons bien, par une analyse mentale, dégager assez facilement la notion que nous nous faisons personnellement de l'une ou de l'autre de ces réalités. Mais de quel intérêt peut être cette conception toute subjective? Ce qu'il nous faut arriver à démêler, c'est la nature objective de l'enseignement secondaire, les courants d'idées d'où il est résulté, les besoins sociaux qui l'ont appelé à l'existence. Or, pour les connaître, il ne suffit pas de regarder en nous-mêmes; puisque c'est dans le passé qu'ils ont produit leurs effets, c'est dans le passé qu'il nous faut les voir agir. Bien loin que nous soyons fondés à poser comme évidente la notion que nous en portons en nous, il faut, au contraire, la tenir pour suspecte; car, produit de notre expérience restreinte d'individu, fonction de notre tempérament personnel, elle ne peut être que tronquée et trompeuse. Il faut en faire table rase, nous obliger à un doute méthodique, et traiter ce monde scolaire, qu'il s'agit d'explorer, comme une terre inconnue où il y a de véritables découvertes à faire. — La même méthode s'impose pour tous les problèmes, même les plus spéciaux, que peut soulever l'organisation de l'enseignement. D'où vient notre système d'émulation (car il est vraiment trop simple d'en imputer toute la responsabilité aux jésuites)? D'où vient notre système de discipline (car nous savons qu'il a varié selon les temps)? D'où viennent nos principaux exercices scolaires? Autant de questions à côté desquelles on passe sans même les soupçonner, tant qu'on se renferme dans le présent, et dont la complexité n'apparaît que quand on les étudie dans l'histoire. Nous verrons, par exemple, comment la place prise et gardée dans nos classes par l'exégèse des textes, soit anciens, soit modernes, tient à un des traits essentiels de notre mentalité et de notre civilisation ; et c'est en étudiant l'enseignement médiéval que nous serons amenés à faire cette constatation.

5. Mais il ne suffit pas de connaître et de comprendre notre machine scolaire, telle qu'elle est présentement organisée. Puisqu'elle est appelée à évoluer sans cesse, il faut pouvoir apprécier les tendances au changement qui la travaillent ; il faut pouvoir décider, en connaissance de cause, ce qu'elle doit être dans l'avenir. Pour résoudre cette seconde partie du problème, la méthode historique et comparative est-elle également indispensable ?

Elle peut, au premier abord, paraître superflue. Toute réforme pédagogique n'a-t-elle pas finalement pour objet de faire en sorte que les élèves soient davantage des hommes de leur temps ? Or, pour savoir ce que doit être un homme de notre temps, que peut nous apprendre, dit-on, l'étude du passé ? Ce n'est ni au Moyen Age, ni à la Renaissance, ni au xviie, ni au xviiie siècle que nous emprunterons le modèle humain que l'enseignement d'aujourd'hui doit avoir pour but de réaliser. Ce sont les hommes d'aujourd'hui qu'il faut considérer ; c'est de nous-mêmes qu'il faut prendre conscience ; et, en nous, c'est surtout l'homme de demain qu'il faut tâcher d'apercevoir et de dégager.

Mais, tout d'abord, il s'en faut qu'il soit si facile de savoir quelles sont les exigences de l'heure présente. Les besoins qu'éprouve une grande société comme la nôtre sont infiniment multiples et complexes, et un regard, même attentif, jeté en nous et autour de nous, ne saurait suffire à nous les faire découvrir dans leur intégralité. Du petit milieu où chacun de nous est placé, nous ne pouvons apercevoir que ceux qui nous touchent de très près, ceux que notre tempérament et notre éducation nous préparent le mieux à comprendre. Quant aux autres, ne les voyant que de loin et confusément, nous n'en avons que des sensations faibles et nous sommes portés, par suite, à n'en tenir aucun compte. Sommes-nous hommes d'action, vivons-nous dans un milieu d'affaires? Nous sommes enclins à faire de nos enfants des hommes pratiques. Sommes-nous épris de spéculation? Nous vanterons les bienfaits de la culture scientifique, etc. Quand donc on pratique cette méthode, on aboutit fatalement à des conceptions unilatérales et exclusives qui se nient mutuellement. Si nous voulons échapper à cet exclusivisme, si nous voulons nous faire de notre temps une notion un peu plus complète, il nous faut sortir de nous-mêmes, il faut élargir notre point de vue et entreprendre tout un ensemble de recherches en vue de saisir ces aspirations si diverses que ressent la société. Heureusement, elles viennent, pour peu qu'elles soient intenses, se traduire au dehors sous une forme qui les rend observables. Elles prennent corps dans ces projets de réformes, ces plans de reconstruction qu'elles inspirent. C'est là qu'il faut aller les atteindre. Voilà notamment à quoi peuvent nous servir les doctrines édifiées par les pédagogues. Elles sont instructives, non comme théories, mais comme faits historiques. Chaque école pédagogique correspond à l'un de ces courants d'opinion que nous avons tant intérêt à connaître, et nous le révèle. Toute une étude se trouve donc nécessaire qui aura pour objet de les comparer, de les classer et de les interpréter.

Mais ce n'est pas assez de connaître ces courants ; il faut pouvoir les apprécier ; il faut pouvoir décider s'il y a lieu de les suivre ou de leur résister, et, au cas où il convient de leur faire une place dans la réalité, sous quelle forme. Or, il est clair que nous ne serons pas en état d'estimer leur valeur par cela seul que nous les connaîtrons dans la lettre de leur expression la plus récente. On ne peut les juger que par rapport aux besoins réels, objectifs, qui les ont provoqués, et aux causes qui ont éveillé ces besoins. Suivant ce que seront ces causes, suivant que nous aurons ou non des raisons de les croire liées à l'évolution normale de notre société, nous devrons céder à leur impulsion ou leur faire obstacle. Ce sont donc ces causes qu'il nous faut atteindre. Mais comment y arriver, sinon en reconstituant l'histoire de ces courants, en remontant jusqu'à leurs origines, en cherchant de quelle manière et en fonction de quels facteurs ils se sont développés ? Ainsi, pour pouvoir anticiper ce que le présent doit devenir, tout comme pour pouvoir le comprendre, il nous faut en sortir et nous retourner vers le passé. Vous verrez, par exemple, comment, pour nous rendre compte de la tendance qui nous porte aujourd'hui à constituer un type scolaire différent du type classique, nous devrons remonter, par-dessus les controverses récentes, jusqu'au xviiie et même jusqu'au xviie siècle. Et déjà le seul fait d'établir que ce mouvement d'idées dure depuis près de deux siècles, que, depuis le moment où il est apparu, il a pris toujours plus de force, en démontrera mieux la nécessité que ne pourraient le faire toutes les controverses dialectiques du monde.

D'ailleurs, pour pouvoir conjecturer l'avenir avec un minimum de risques, ce n'est pas assez de s'ouvrir aux tendances réformatrices et d'en prendre méthodiquement conscience. Car, en dépit des illusions que nourrissent trop souvent les réformateurs, il n'est pas possible que l'idéal de demain soit original de toutes pièces ; mais il y entrera certainement beaucoup de notre idéal d'hier, qu'il importe, par conséquent, de connaître. Notre mentalité ne va pas changer totalement du jour au lendemain ; il faut donc savoir ce qu'elle a été dans l'histoire, et, parmi les causes qui ont contribué à la faire, quelles sont celles qui continuent à agir. Il est d'autant plus nécessaire de procéder avec cette prudence, qu'un idéal nouveau se présente toujours comme dans un état d'antagonisme naturel avec l'idéal ancien qu'il aspire à remplacer, bien qu'il n'en soit, en fait, que la suite et le développement. Et, au cours de cet antagonisme, il est toujours à craindre que l'idéal d'autrefois ne sombre complètement ; car les idées neuves, ayant la force et la vitalité de la jeunesse, écrasent aisément les conceptions anciennes. Nous verrons comment une destruction de ce genre s'est produite à la Renaissance, au moment où s'est constitué l'enseignement humaniste : de l'enseignement médiéval, il n'est presque rien resté, et il est fort possible que cette abolition totale ait laissé une grave lacune dans notre éducation nationale. Il importe que nous prenions toutes les précautions possibles pour ne pas retomber dans la même erreur, et que si, demain, nous devons clore l'ère de l'humanisme, nous sachions en garder ce qui en doit être retenu. — Ainsi, à quelque point de vue qu'on se place, nous ne pouvons connaître avec quelque assurance la route qui nous reste à parcourir, que si nous commençons par considérer attentivement celle qui s'étend derrière nous.

6. Vous vous expliquez maintenant ce que signifie le titre que j'ai donné à ce cours. Si je me propose d'étudier avec vous la manière dont s'est formé et développé notre enseignement secondaire, ce n'est pas pour me livrer à des recherches de pure

érudition ; c'est pour aboutir à des résultats pratiques. Assurément, la méthode que je suivrai sera exclusivement scientifique ; c'est celle qu'emploient les sciences historiques et sociales. Si j'ai pu parler tout à l'heure de foi pédagogique, ce n'est pas que j'aie l'intention d'en prêcher aucune ; je resterai ici un homme de science. Seulement, je crois que la science des choses humaines peut servir à guider utilement la conduite humaine. Pour se bien conduire, dit un vieil adage, il faut se bien connaître. Mais nous savons aujourd'hui que, pour se bien connaître, il ne suffit pas de tourner notre attention sur la partie superficielle de notre conscience ; car les sentiments, les idées qui viennent y affleurer ne sont pas, il s'en faut, celles qui ont le plus d'efficacité sur notre conduite. Ce qu'il faut atteindre, ce sont les habitudes, les tendances qui se sont constituées peu à peu au cours de notre vie passée, ou que nous a léguées l'hérédité ; ce sont là les vraies forces qui nous mènent. Or elles se dissimulent dans l'inconscient. Nous ne pouvons donc arriver à les découvrir qu'en reconstituant notre histoire personnelle et l'histoire de notre famille. De même, pour pouvoir remplir, comme il convient, notre fonction dans un système scolaire, quel qu'il soit, il faut le connaître, non du dehors, mais du dedans, c'est-à-dire par l'histoire. Car, seule, l'histoire peut pénétrer au delà du revêtement superficiel qui le recouvre dans le présent ; seule, elle en peut faire l'analyse ; seule, elle peut nous montrer de quels éléments il est formé, de quelles conditions dépend chacun d'eux, de quelle manière ils se sont composés les uns avec les autres ; seule, en un mot, elle peut nous faire assister au long enchaînement de causes et d'effets dont il est la résultante.

Tel sera, Messieurs, l'enseignement que vous recevrez ici. Ce sera, au sens propre du mot, un enseignement pédagogique, mais qui, par la méthode employée, différera singulièrement de ce qu'on appelle ordinairement de ce nom, puisque les travaux des pédagogues seront pour nous, non des modèles à imiter, non des sources d'inspiration, mais des documents sur l'esprit du temps. J'espère donc que la pédagogie, ainsi renouvelée, réussira enfin à se relever du discrédit, injuste en partie, où elle est tombée ; j'espère que vous saurez vous affranchir d'un préjugé qui a trop duré, que vous comprendrez l'intérêt et la nouveauté de l'entreprise, et que vous me prêterez, par suite, le concours actif que je vous demande et sans lequel je ne saurais faire œuvre utile.

TABLE DES MATIÈRES

71-22. — SAINT-GERMAIN-LÈS-CORBEIL. — IMP. WILLAUME.

BIBLIOTHEQUE   NATIONALE

SERVICE DES NOUVEAUX SUPPORTS

58, rue de Richelieu, 75084 PARIS CEDEX 02 Téléphone 266 62 62

Achevé de micrographier le :   30/04/1975

0 1 2 3 4 5 6 7 8 9 10 cm

Défauts constatés sur le document original

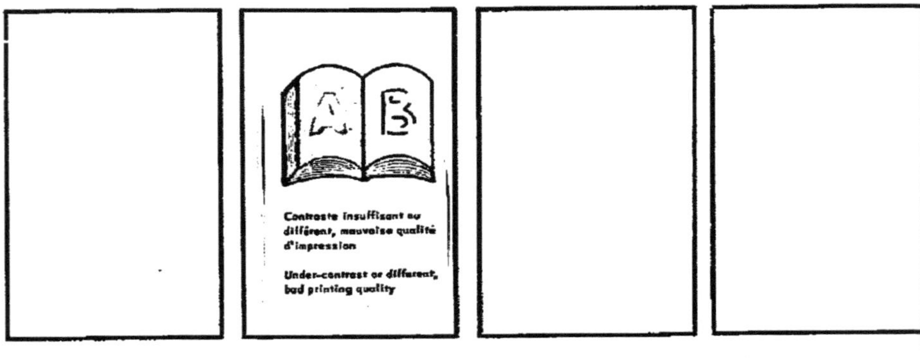